生命，
因家庭而大好！

媽媽的高敏感情緒自救書

26則減輕教養憂慮的處方，找回育兒與自我的平衡

精神科醫師
鄭宇烈——著
정우열

陳曉菁——譯

엄마니까 느끼는 감정

감정적으로 아이를 대하고 자책하는 엄마들을 위한 심리 치유서

自序

重新解讀媽媽的情緒

「媽媽」這個稱呼，是孩子出生後才被賦予的特別名稱，更是一個讓自己變成「無名人士」的稱號。小孩名字後加上「媽媽」的稱謂，從此取代用了二、三十年的本名，也由此形成另一個截然不同的自我。提出自我發展心理學的美國心理學家愛利克・霍姆伯格・艾瑞克森（Erik Homburger Erikson），對「自我認同」一詞的定義為「個體尋求內在自我一致性及連續性的能力」，以及「持續與他人共享的本質特徵」。

但是自從換上「母親」的身分，媽媽們對後者的定義有越來越強烈的感受；反之，前者的定義已逐漸消失在身上了。儘管如此，「母親」這個稱呼會帶來一種出於本能的特殊力量，讓人可以盡最大努力去承擔這個角色。那麼，身為一名母親，是否真的能過著幸福的日子呢？關於這個問題，我想大多數的媽媽都沒辦法毫不遲疑地給出肯定的答案。明明孩子帶來了在其他事物上感受不到的極致喜悅，為什麼無法立刻給出明確答案呢？我想，這並非過得不幸福，而是因為媽媽們深陷在那些像線團般纏繞不清的複雜情緒中，難以用言語表達出來。

身為精神科醫師，我有幸因為工作認識到這些母親，然而當我轉為全職的育兒爸爸後，我對她們的看法完全不同了。因為我跟她們一樣，經歷了主要養育者會遭遇的各種複雜情緒，親身體驗到她們的感受。

即使身邊有許多同樣當媽媽的朋友，可以向她們分享自己的經驗，但媽媽們還是非常孤獨，並且心生不滿。由於必須陪伴孩子，沒有多餘的心思好好釐清自己的情緒，久而久之逐漸習慣那些複雜的情緒。只不過和以前相比，對丈夫的所作所為更加不滿，有時還會因為心愛的孩子而火冒三丈。究竟為什麼會感到孤單無助又常常發脾氣呢？媽媽們只能靠自己去尋找答案，並茫然地盼望這種情緒只是暫時的。

可是就算找到答案解除了心中的疑惑，往後卻還是會再度掉入情緒漩渦，甚至讓人懷疑自己是否沒有當母親的資格。明明不想這麼做，卻總是忍不住對孩子發脾氣，不知道該拿自己如何是好；對於不得不加班與參加聚餐的丈夫，理智上能夠理解，情感上卻怎麼也無法接受；平時認為自己的人格應該沒什麼問題，最後竟然也開始自我懷疑……種種情緒都讓自己深陷於痛苦中。

為此，媽媽們需要一個能幫她穩住心神的人。如果想從朋友那裡得到安慰，有小孩的媽媽朋友沒閒暇，沒小孩的朋友提供的安慰話又沒太大助益。就連最能依靠的丈夫也因為沒經歷過自己的狀況，別說安慰了，甚至難以理解身為母親的自己。當至親好友和另一半都無法理解與安慰自己的時候，媽媽們無異於孤家寡人。

成為母親後才感受到的這種孤獨感，往往讓媽媽遷怒於周遭的人，認為是他們害自己變成這樣的。雖然媽媽們想釋放憤怒感，但和孩子在一起的時候，又會出於本能克制下來。在無法排除的狀況下，憤怒逐漸累積起來，一旦來到極限時，身旁最脆弱無力的孩子就成了發洩的出口。但發完脾氣後，又會再次因為內疚而痛苦不已。

其實，多數的媽媽們沒有「過渡期」。步入禮堂前忙著籌劃婚禮，接著在沒有足夠的心理準備時就懷上了孩子。沒準備好當一名媽媽，就必須開始進行養育工作，導致對別人的意見照單全收，就這樣扮演起母親的角色。別說事先排練了，連劇本都沒看過就展開的媽媽生活，當然會令人感到陌生和不安，即使請教一些有經驗的前輩，她們也只會說「時間是最好的良藥」。放眼望去，身邊沒有任何可以依靠的人。為了找到對媽媽生活有同感的人而加入社群網站，但是看到別人不僅把生活打理得井然有序，還能天天更新媽媽招牌料理和親手製作的玩具，內心只有更加羞愧。

「當媽媽」對任何人來說都是一件相當困難的事，這是無庸置疑的；身為一名母親，比任何生活方式都來得更加複雜多變。如果對方沒養育過妳的孩子，或未曾經歷過妳從小到大接受的養育方式，那麼他們就不能光從外表看到的一切來評斷妳，他們也沒這種資格。即使妳曾有過想放棄一切的瞬間，那也只是為了幫助自己成為更好的母親所必經的過程，並不代表妳就是個失敗的媽媽。

我是一名與媽媽們商談的精神科醫生，也是兩個孩子的主要養育者。

我每天都會跟許多媽媽見面，如果問我在諮商過程中領悟到什麼，我會說：「在愛孩子與愛自己之間，找到心靈的平衡是最重要的。」

必須面對日益複雜的情緒而感到痛苦的媽媽們，希望妳們能得到共鳴，知道「原來不是只有我這樣」，並且能從中得到安慰，於是我推出了修訂版的新書。除了書名和目錄有所變動，也補充了更完善的內容。

希望透過這本書，讓更多媽媽們能一一去檢視長久以來因「母親」這個身分而深埋心中的各種情緒，並且能進一步認同、接受自己，然後好好去愛這個成為媽媽的自己。

二〇二〇年四月

鄭宇烈

CONTENTS
目錄

Chapter 1

今天也對孩子感到抱歉・16

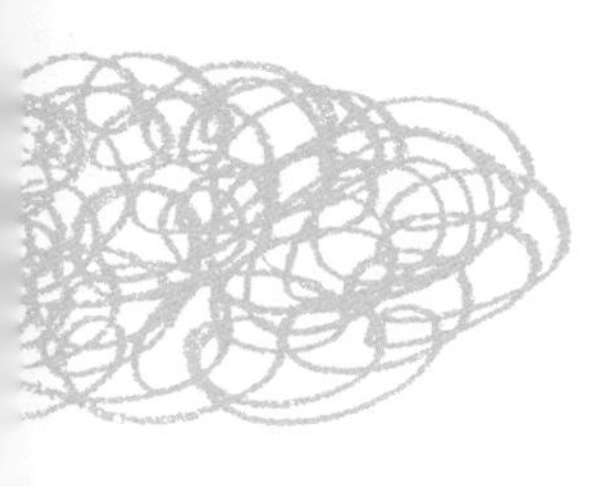

Chapter 2 今天也因為孩子而感到不安・86

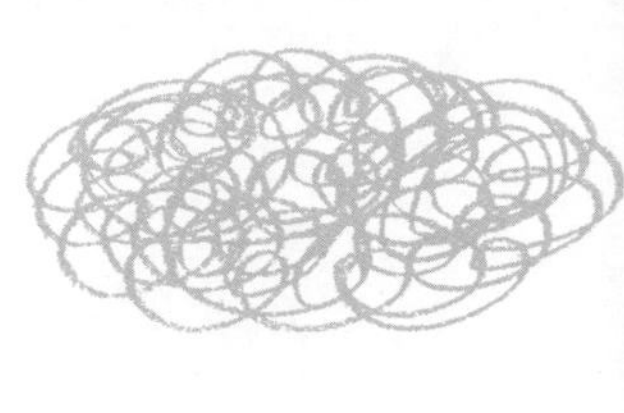

Chapter 3

今天也感到憂鬱和孤單・146

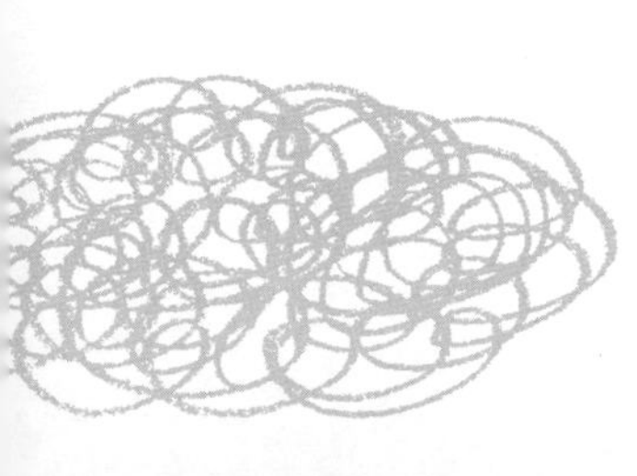

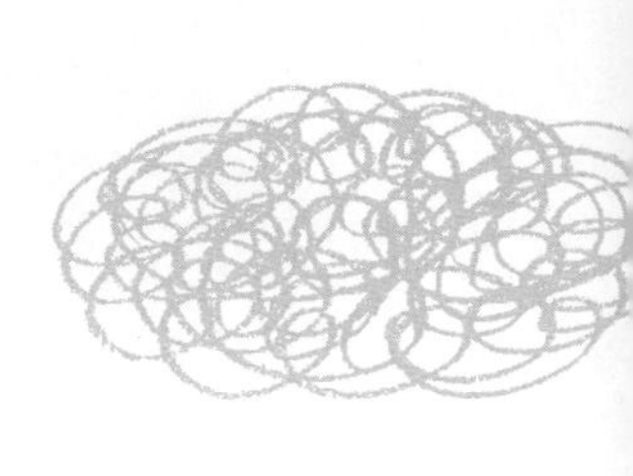

Chapter 1

今天也
對孩子感到抱歉

孩子每天早上都為了不去上學而無理取鬧，
一開始她會百般哄勸，
但偶爾也會無法控制情緒而大吼大叫，
等心情鎮定後，她又會因為自責而哭泣……

每天都被罪惡感折磨

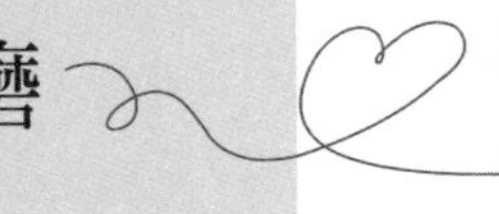

千錯萬錯都是媽媽的錯

職場與家庭兩頭燒的勝宇媽媽，從孩子出生滿一百天至今，每天都因罪惡感而痛苦不已。她認為十八個月大的勝宇比其他孩子更常生病，可能是只餵了一個月母乳的緣故，因此覺得是自己的錯。而勝宇胃口不好導致發育遲緩，她也認為是自己廚藝不佳又懶得下廚的關係。就連勝宇個性敏感，看起來情緒不太穩定，她也責怪自己身為職場媽媽的身分。

不僅如此，每當沒買勝宇要求的東西或各式各樣的育兒用品時，她就覺得是自己的錯，因為她不像其他媽媽那麼會賺錢。套句近來流行的說法，就是「千錯萬錯都是媽媽的錯」。

就像這樣，很多媽媽都因為這種沒根據的事情感到莫名的罪惡感，有時會因此勉強答應孩子的要求。不過，經常過度勉強自己，又可能會達到崩潰的臨界點，罪惡感反而變成憤怒的情緒，而將這股怒氣發洩在孩子身上。

媽媽們因為無法忍受孩子微小的錯誤行為而大吼大叫，但到了夜晚看著安詳入睡的孩子時，想起白天的失控之舉又感到內疚不已而流下眼淚。彷彿向上帝懺悔似地，在床邊不斷向孩子說著對不起，是媽媽做錯了之類的話，並下定決心明天開始要改過自新。但是到了第二天，即使心中仍有歉意，卻再次產生憤怒的情緒，昨天的戲碼重新上演。

接連不斷的罪惡感

如果我家孩子只是輕微的感冒症狀，我不會立刻帶去小兒科看病。所幸他們也健健康康的，很少碰上需要就醫的情況。有次老二持續咳了一星期，因為沒有其他症狀，咳嗽情形也逐漸好轉，我就沒帶去看醫生。但在我工作期間幫忙照顧老二的父母卻覺得孩子咳得很嚴重，將他帶到醫院去。醫生診察後語帶威脅地說：「差點就變成肺炎了！」站在同樣身為醫生的立場，我明白他說這句話的用意，但卻讓我反省自己，是否心思都放在處於發育階段、較為敏感的老大身上，才忽略了老二的身體？為此我產生了一股愧疚之情。

那天工作結束後去接老二回家，才發現我白白擔心一場，因為他的狀態看起來很不錯。正好爺爺奶奶很想念老大，我去接老二時就順便把老大託付給他們。然而到了晚上，母親傳簡訊說老大不但拉了兩次肚子，還嘔吐了一次。他從未有過腹瀉情況，這次還伴隨嘔吐，我想應該是得了腸胃炎。於是我打電話給當小兒科醫生的弟弟，他卻說：「到現在才得到腸胃炎，真是不容易啊！」但也許同一天正在自責老二的事，所以我深陷在滿滿的愧疚中。

不過，我的愧疚並未就此結束。因為擔心老大可能把腸胃炎傳染給其他小孩，我在幼兒園的媽媽群組詢問大家，是否有不舒服的孩子。其中一位媽媽說，她家孩子從兩天前開始拉肚子，可能是被她的孩子傳染的，還特別向我道歉。我同樣對她感到不好意思，回覆她說，情況也不一定是這樣。此時我才想起昨天晚上，因為天氣熱的關係，老大自己脫了衣服，在開著空調的房間裡只穿尿布就去睡覺了。現在回想起來，他睡覺的地方正好是冷氣出風口的位置。

「原來是因為我的關係，孩子才會生病啊。」

為了減輕其他媽媽的內疚，我才開始思考是否有其他原因，即使無法確定因果關係是否屬實，卻加深了我自己的罪惡感。

道德感越重的媽媽，罪惡感越深

媽媽的罪惡感是一種道德上的自虐行為。媽媽們總是有「我的孩子沒有我的話不行」的過度自我誇大想法，同時又有一種「為什麼遇到了像我這樣的媽媽」的愧疚心理。這種互相違背的情緒，正如同我們小時候對媽媽的情感。「我媽媽是世上最好的媽媽」與「我媽媽真是一個壞媽媽」的想法同時存在，如果這種矛盾心理一直沒解決，後者的心情就可能衍生成貶低和憎恨母親的罪惡感。等到自己成為母親後，為了洗刷這份罪惡感，媽媽們很容易因為細微瑣事而做出自虐行為。

媽媽身上的罪惡感，其實是一種對媽媽自尊心的傷害。甚至會在無意中犧牲自己來發揮母親的角色，以此在道德上占據優勢，認為自己是重要的存在，用這種方式來解決矛盾。但是媽媽也是一個普通人，以過度犧牲的方式來扮演媽媽的角色，久而久之憤怒只會不斷累積，最後這股怒氣就會發洩到孩子身上。

身為母親，也可能傷害自己的孩子

顯然地，照顧孩子是一件幸福的事，也是一件又累又煩的工作。二〇一〇年，首爾大學兒童與家庭學系針對撫養五歲以下孩童的三千零七十名媽媽為對象，進行了一項名為「韓國媽媽加油」的研究。從這個報告結果可知，媽媽們在日常生活中感到最幸福的時刻是「照顧小孩的時候」，而感到最憂鬱和疲憊的時刻也是「照顧小孩的時候」。照顧孩子時，想法和情緒自然而然會變得相當複雜，如此一來，就容易失去客觀，接受一些不是事實的認定，由此產生罪惡感。不適當的罪惡感不僅影響母親本身的能力，也會對孩子有負面觀感，因此這種罪惡感是不必要的。

身為一名母親，經常會做出違心之舉給孩子帶來傷害。即使平常用心了解孩子的內心，也努力調整自己的心態，卻還是會在身心狀況不佳時，忍不住對孩子大聲吼叫或動手打人。可是心情平復後，又因為擔心孩子受到傷害或影響孩子的情緒發展，而終日緊張兮兮。

幸好孩子不會因為一次的心靈創傷就留下陰影，萬一真的是這樣，那我們每個人都得帶著遍體鱗傷的心過日子了。孩子的心靈擁有恢復的韌性，約莫百分之七十五的人可自行克服傷痛，只有百分之二十五的人會在心中留下傷口，成年後有可能因為這個傷口而變得脆弱。這是心靈創傷對腦內荷爾蒙和結構所帶來的影響。

比起傷害孩子這個行為本身，更重要的是，必須弄清楚這種行為是偶發事件或重複性的習慣。反覆傷害孩子的心靈，會讓他腦內處理壓力的迴路無法適度發育，容易變成抗壓能力低落的大腦。但如果這種情況不是經常發生，那麼影響是不大的。

當個適度的好媽媽就行了

和傷害孩子的行為相比，媽媽若是因為這件事而受到傷害，反而更不利於撫養孩子；換句話說，這是「養育罪惡感」。現代媽媽養育孩子時，如果達不到自己認為的理想境界，就很容易出現養育罪惡感，它會引發緊張、後悔及良心譴責等負面情緒。不僅如此，甚至會出現過度保護、逃避及攻擊性等完全相反的養育方式。

在過度保護下長大的孩子，依賴性高且個性消極，比較無法融洽地與朋友互動，將來適應社會時會有較大的困難。相反地，在成長過程中被忽略或經常遭受指責的孩子，則是容易出現對人有敵意、退化性行為或是過於被動。

身為一名母親，有時只是看著孩子就會突然流下眼淚，沒來由地感到愧疚，這種情況究竟該怎麼克服呢？其實妳只要成為一個「還可以」的好媽媽就行了，妳不需要當一百分的母親，只要以八十分為目標即可。

唐諾・溫尼考特（Donald W. Winnicott）認為，在形成一份穩定的親子關係時，需要的是「夠好的母親」（Good-enough mother）。這裡說的「夠好」，並不是完美的意思，想想我們何時會說「那樣就夠了」、「那樣就可以了」，差不多就是這種感覺。也就是說，妳不需要事事力求盡善盡美，只要當個還可以的媽媽就好了。依照瑪格麗特・馬勒（Margaret Mahler）的說法，孩子在年滿三歲後，就會產生一種可以接受「雖然有時候會對媽媽感到失望，但整體而言她是個好媽媽」的能力。

我也一樣，打從成為父母後，就不是只讓孩子看到我良好的那一面。有次，我抱著老大讓他拿著水瓶喝水，結果他不斷把水灑到我背上。我認為這是他覺得好玩，所以明知會弄溼爸爸衣服，也不管大人勸阻硬是不斷將水灑到我身上。最後，我不得不提高音量怒吼「不要玩了」。

把孩子放下後，他卻露出一副不知道自己做錯什麼的茫然表情。我怕自己錯怪他，仔細檢查瓶子後才發現是瓶蓋沒鎖好。是我自己沒把瓶子鎖緊，卻誤以為是孩子將水灑在我身上，於是我真心地對孩子說：「對不起，是爸爸沒把瓶子鎖緊。」說完後，我家酷酷的老大只回我一句：「沒關係。」由於百分之百是我的失誤，我立刻向孩子道歉，然而令我感到神奇的是，心裡的愧疚感竟然也在一瞬間消失無蹤。

溫尼考特說：「優秀母親和不優秀母親之間的差異，不在於是否犯錯，而在於如何處理所犯的錯誤。」如果對孩子做了錯誤的事，只要馬上道歉就行了，孩子總是很容易原諒母親所犯的錯。因為整體來說，妳在他心中已是一位夠好的母親了。

沒辦法控制對孩子的憤怒

因為孩子無法適應而發飆

載沅媽媽在孩子出生後的三年間，為了好好育兒付出極大的努力。她沒將孩子送往托兒所，而是選擇獨自撫養，周遭其他媽媽對她的舉動都表示敬佩。但載沅三歲上托兒所後，無論自己多努力，孩子依然無法適應托兒所生活，還一度拒絕上學，這讓她開始變得焦慮不安。起先她順應大家的建議，試著等待、觀察一陣子，但隨著日子一天天過去，她內心越來越焦急，甚至到了坐立難安的程度。這件事彷彿成了一種催化劑，讓她之前一直壓抑在心裡的不安感也開始湧現。

孩子每天早上都為了不去上學而無理取鬧，一開始她會百般哄勸，但偶爾也會無法控制情緒而大吼大叫。等心情鎮定後，又會因為自責而哭泣。為什麼載沅媽媽沒辦法控制自己的怒火呢？根本原因是壓抑情緒造成的。

長期壓抑情緒埋下導火線

載沅媽媽的父母一直期望她哥哥能考上醫學院，或許是雙親寄予厚望的心理壓力，哥哥在高中時變成問題學生。因為哥哥的緣故，家裡氣氛始終很緊繃，她整天過著提心吊膽的日子。一方面得看父母臉色，一方面又覺得自己是受害者，所以總是心生不滿。在這種家庭氛圍下，如果將不滿的情緒表達出來，只會讓家人關係雪上加霜，這會讓她無法原諒自己。所以從那時起，壓抑的情緒引發了心理矛盾，由此產生的不安感讓她長久以來一直活在痛苦中。最終，載沅無法適應托兒所這件事成了導火線，讓情況演變到一發不可收拾的地步。

雖然養育載沅時，她下定決心不讓父母教育哥哥的事情重演，但一看到載沅無法適應托兒所的模樣，她心中對娘家哥哥壓抑的情緒就不自覺流露出來。後來她透過心理諮商了解到自己憤怒的原因，才逐漸理解並排除自己壓抑的情緒，解決了她對孩子的這把無名火。現在她可以定下心，用平靜的心態送孩子上托兒所，而孩子也逐漸適應了上學的生活。

越壓抑情緒，越容易引發憤怒

人們都說媽媽不可以對孩子發脾氣，那萬一媽媽因為忍著不發火而積鬱成疾，這樣也沒關係嗎？這世上真的有從未對孩子發脾氣的母親嗎？其實包括憤怒在內，所有情緒都是自然而然的現象，不應該加以指責。

當孩子一再犯錯，有的父母只是厲聲斥責，有的父母則是直接動手打人。兩種情況看起來都像是發洩憤怒的情緒，但表現出來的行為卻大不相同，其中的差異，絕大部分取決於情緒壓抑的程度。

情緒不能及時表現出來，就會累積在心裡。很多媽媽對丈夫感到不滿，卻擔心夫妻吵架給孩子帶來不好的影響而忍下來，最後卻在不自覺的情況下，將這份不滿宣洩到孩子身上。雖然當天晚上會陷入自責和無力感之中，但隔天又再度上演同樣戲碼，導致不斷重複的惡性循環。

當憤怒的情緒產生時，首先要理解憤怒的原因，唯有如此，才能減少因壓抑情緒而莫名其妙拿孩子出氣的行為。雖然情緒、想法及行動是緊密相連的，但情緒往往占據首要之位。因此，理解並觀察情緒是管理憤怒的核心，這麼做不是讓自己陷於情緒中，而是要站在第三方的立場，客觀地看待情緒。

對自己的情緒沒把握

一九九六年，義大利帕爾瑪大學賈科莫・里佐拉蒂（Giacomo Rizzolatti）的研究團隊首次發現了「鏡像神經元」。它是一種讓我們理解他人情緒、並進一步產生感同身受的細胞。當我們在執行某個動作時，大腦中某些神經元的活性會增加，因此只要看了他人的行動，就會在腦中激起同樣反應，產生相同感受。正因如此，它與共感能力有所關聯，大多數的媽媽看到孩子受傷會心疼，就是一種共感能力。

如果小時候未能與他人形成良好的情感關係，就會因為鏡像神經元不發達，難以理解孩子的表情和行為代表什麼意思，也無法確認自己的反應是否恰當，這樣的媽媽就會感到內心混亂。因為童年時期，媽媽沒看著自己露出笑容或未曾安撫過自己，所以成為母親後，就很難體會什麼是「適當反應」，對自己的情緒就缺乏信心。除了對自我情緒的認識不足與難以表達，也會因為沒把握能否讀懂別人的情緒，而容易生起誤解和憤怒。舉個例子，當孩子在某種情況下哭泣，這樣的媽媽腦中會出現「他到底在哭什麼？我該怎麼辦才好？你要我怎麼做？」等疑問，每當這時候，她會比其他媽媽承受更多壓力。

徹底了解自己的情緒，而非孩子的

撇開童年時期是否與他人形成良好關係不談，如果此刻想讀懂孩子的情緒，但又沒把握，那該怎麼辦才好？其實只要努力去了解自己的「後設情緒」（Meta-emotion）就可以了。後設情緒是家庭關係治療專家約翰．高特曼（John Gottman）在一九九六年提出的概念，意指「面對他人的情緒，人們表現出來的情緒、行為、態度及理念等反應模式」。孩子哭泣是為了表達自己難受或不舒服的情緒，但許多媽媽看到孩子哭泣，卻會感到煩躁和憤怒。

上述例子裡，媽媽對孩子的反應是一種無意識中出現的情緒。因此，如果想對孩子的情緒產生共鳴，媽媽首先必須了解自己的後設情緒。要做到這點，就得先知道自己傳達了哪些情緒給孩子，包括經常表達的、未曾表達的分別有哪些，這樣才能有所改善。一旦明白自己的後設情緒，妳就會知道：「原來在這種情況下，我是這樣對待孩子的，所以我才會生氣。原來不是因為孩子的情緒，而是因為我自己的情緒。」理解到這些，之後對孩子情緒的反應和態度就能產生變化。

長期沒解決的情緒成了親子間的隔閡

後設情緒，大部分源自成長期間未能解決的情緒。童年時期沒排解掉的情緒，會對後設情緒造成負面影響。由於人們一想起這些累積在心裡的情緒就會感到痛苦，所以總會下意識地試圖掩蓋，但這不是想掩蓋就能掩蓋的東西。

舉例來說，孩子發脾氣時，壓抑情緒的媽媽會覺得：「你算什麼東西？竟敢對我發脾氣？」她會以自己的情緒來看待孩子的行為。不是以孩子本身的情緒，而是用媽媽自己的情緒來對待孩子，這種做法只會給孩子帶來傷害。

想解決累積在心裡的情緒，就必須回顧一下童年時期，自己的媽媽在什麼時候會發脾氣，當時自己的心情又是如何。另外，也要回想一下相反的情況，當自己生氣時，媽媽又是什麼樣的反應。如果小時候哭泣，媽媽總是厲聲訓斥，那麼當自己的孩子哭鬧時，妳會覺得應該全盤包容他，若是無法容忍，就會感到十分愧疚。但也可能出現相反情況，變得完全無法忍受孩子哭泣，一看到他哭就火冒三丈。所以說，如果無法意識到後設情緒，就容易把自己的情緒扭曲成孩子的情緒，而逐漸遠離孩子的心靈。

媽媽也需要得到共鳴和安慰

身為一名母親，每天都要面對耍賴的孩子、無視自己的先生和鄰居太太之間的自尊心鬥爭等各種情緒洪流，更會從這些經驗感受到自卑、憤怒、不安及羞恥等情緒。感受情緒的程度因人而異，以滿分十分來說，一般人感到憤怒的程度大約是五分，那麼為了雞毛蒜皮小事就讓憤怒指數達到七至八分的人，就比其他人更容易陷入情緒洪流。反之，憤怒指數較低、只能感受到兩分左右的人，則比較不輕易陷入情緒洪流裡。此外，無法正確感受自身情緒的人，對他人的情緒也會顯得漠不關心。

不管是多麼強烈的情緒，只要覺察到就可以擺脫掉。因此透過感受和觀察自己的情緒，好好去理解經常感受到的情感是有必要的。對於情緒，我們比自己所想的更加缺乏認識，但從現在開始也不遲，試著把今天感受到的情緒記錄在智慧型手機的記事本上吧。妳可能會發現一整天下來並沒有太多感觸，甚至覺得自己並不善於表達和整理情緒。

能夠清楚地辨識情緒種類，有助於評價情緒的程度。作為一個媽媽，如果妳發現在某個瞬間出現憤怒情緒，請試著去掌握當下妳的憤怒指數有多高。假如覺得超出適當程度，就試著去找原因並加以理解，然後充分去感受那種感覺，日後再以其他形式宣洩出來就行了。

當媽媽忽視壓抑的情緒，只是將之視為孩子的問題，就表示媽媽已經深受情緒所苦，才會採取「逃避」的防禦機制；同時，這也在傳達希望自己的情緒能得到安慰和共感的訊號。想培養出擁有健康情緒的孩子，媽媽就應該先理解自己，讓自身情緒變得健康才行。

假如還是難以控制憤怒

不過，即便媽媽認清自己的情緒，也隨時努力調整心態，遇到與孩子有關的事，還是很容易陷入情感洪流，變得難以理解和承認自己的情緒。雖然能夠客觀掌握其他孩子的問題並給予建議，但只要碰上自家孩子，情緒一下子就變得相當激動，難免犯下錯誤。

如果因為孩子的行為，導致無法辨識自己的情緒而陷入風暴，那麼哪怕只是片刻，暫時和孩子分開也能達到最大的幫助。可以的話，請把孩子託付給丈夫或爺爺奶奶，然後獨自度過一段時間。要是只能和孩子單獨待在一起，那麼就算只有幾分鐘也好，先進房間關上門冷靜一下，與孩子拉開一點距離。物理上的距離會延伸為心理距離，唯有這樣才能快速覺察自己的情緒，並能以客觀的心態去對待孩子，清楚掌握孩子想要什麼，自己的想法也能順利傳達給他們。如此一來，孩子會很快停止那些原本令我們痛苦的行為。

即使暫時不愛孩子也沒關係

精神分析學創始人西格蒙德．佛洛伊德（Sigmund Freud）說過，人類心理健康的指標大致可分為兩種：「工作能力」和「愛的能力」。奇怪的是，對媽媽而言，「愛自己孩子」這個行為本身，同時也變成一項工作。妳有一份工作，而且還可以和所愛的人在一起，就這點來說，沒有比育兒更幸福的事情了吧？

真實情況卻是養育孩子的過程中，不是每個瞬間都能感到幸福，理由正是因為無法將「工作」和「愛」做出區別。雖然兩者並存很理想，但有時唯有明確區分，才能做到心無旁鶩、魚與熊掌兼得的境界。

舉例來說，有時不管用任何手段或方法，都無法讓孩子停止無理取鬧，反而弄到自己身心俱疲。實際上，媽媽不可能二十四小時都用無限的愛意去對待孩子。這種狀況下，媽媽心裡容易產生憎惡和憤怒，此時正是必須在育兒過程中區分愛與工作的時候。

因為孩子而控制不了自己的憤怒，妳可以暫時不用逼自己努力去愛孩子。即使暫時停止去愛眼前這個孩子，還是可以繼續照顧他的生活起居。即使暫時不愛他，當下也不會有太大的問題。這樣做，反而是讓妳最快恢復情緒的好方法。

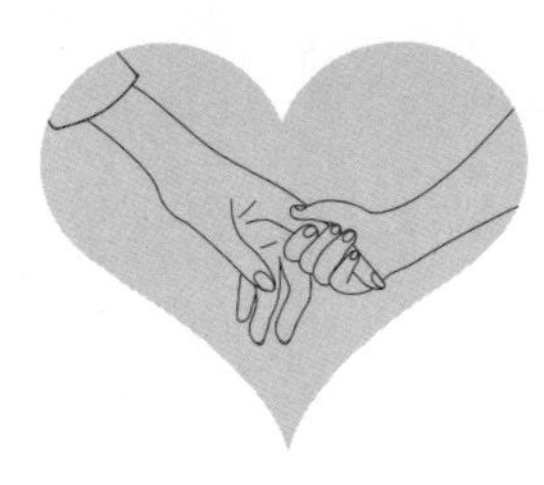

就算只有幾分鐘也好，先進房間關上門冷靜一下，
與孩子拉開一點距離。
物理上的距離會延伸為心理距離，
唯有這樣才能快速覺察自己的情緒，
並能以客觀的心態去對待孩子。

孩子一生病，就變得相當神經質

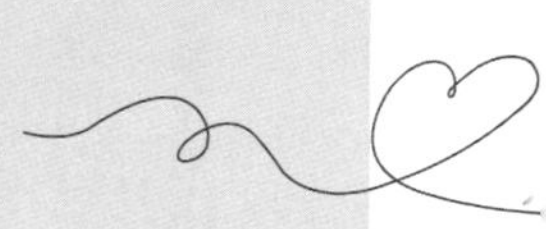

孩子生病，媽媽總是先發脾氣

職場媽媽秀妍的女兒從三個月大起就常常生病，不過當時秀妍還沒復職，照顧生病的孩子固然辛苦，至少還能親手照料。復職後情況就不同了，每當剛滿兩歲的孩子身體不適，托兒所就來電，別說工作了，任何事都沒辦法好好做，整天戰戰兢兢。一開始孩子生病，對秀妍來說彷彿天要塌下來了，因為擔心疾病會給孩子留下不良影響，她會上網搜尋眾多資料並打聽醫院口碑，時時刻刻都處於緊張狀態。

不過隨著孩子生病的次數增加，擔心的同時她也漸漸變得煩躁。每當公司開始新專案，孩子總是會生病。因為沒有長輩支援，她只能請鄰居的幫傭到托兒所接孩子，但孩子三不五時就生病，人家也沒辦法時常協助。而孩子生病時，媽媽也很容易跟著病倒，孩子需要人照顧，其實媽媽也想得到他人的照顧。

不安感和罪惡感變本加厲

孩子生病需要自己時，職場媽媽會因為無法陪伴孩子而感到愧疚。即使能從照護者口中得知孩子的情況，心裡的這份罪惡感還是讓媽媽不自覺地往壞處想，認為孩子的狀況比實際更嚴重。負面思考會讓人持續處於不安的情緒，甚至讓媽媽開始想像最惡劣的情況。

身為職場媽媽，感到罪惡是一種無法避免的正常心態。不是因為真的做錯什麼，而是媽媽在別無選擇的情況下所產生的想法。

那麼，全職媽媽會比職場媽媽少一些罪惡感嗎？其實，全職媽媽也會認為是自己害孩子得病而感到愧疚。每當婆婆說孩子是因為穿太薄而生病，雖然心裡不認同，卻因為無法證實，還是會對孩子感到抱歉。即使不用上班可以全天候觀察孩子的一舉一動，但也要承擔起相應的責任，反而令她們更加不安。舉例來說，病毒性支氣管炎或病毒性腸胃炎流行期間，媽媽在不知情或不以為然的情況下帶孩子去兒童咖啡館，結果染上病毒生病，不管兩者是否有關聯，媽媽都會為此感到內疚。更何況照顧孩子時，總是擔心無法準確掌握孩子的狀態，害怕一個閃神將孩子推向無法挽回的境地，媽媽們常常深陷在無窮無盡的緊張中。

媽媽也是有情緒的人

身為一名母親，無論處境和情況如何，只要孩子生病了，就會產生各種複雜的情緒。不過換個角度來說，妳之所以會感到罪惡和不安，就表示妳是一位非常好的母親。這麼一想，或許妳在某種程度上就能夠接受自己。如果用帶有偏見的角度來看，認為一個好媽媽絕不能因為孩子生病而感到煩躁與憤怒，也不應該有任何情緒，那麼妳的心只會更加難受。

就算孩子生病，職場媽媽隔天還是得出門上班，如果因為照顧孩子而缺乏睡眠，心情自然會比平時煩躁。因為媽媽也是人，人在睡眠不足的情況下，本來就容易心情不佳，這是一種再正常不過的情緒。

全職媽媽也一樣，即使晚上照顧孩子而睡不好，第二天起床還是得繼續帶孩子，除了體力不支，心情當然也鬱悶。媽媽也是人，需要保障個人的自主性，也許原本打算和孩子一起度過美好時光，或是想趁孩子去托兒所時享受一下久違的獨處生活等。如果這些計畫全泡湯了，難免會感到挫敗而心情惡劣。

此外，每當有特別活動或重要日子，孩子也總是剛好會生病。例如想帶孩子到外面走走，已經排好行程且訂了飯店，果不其然，出發前一天孩子就突然生病，讓媽媽頭痛不已。如果選擇如期出發，到當地沒出什麼大事是萬幸，要是病情加重，媽媽就得飽受罪惡感折磨；如果放棄旅行，又必定會留下遺憾，並且會進一步轉化成煩躁和憤怒。

如果無法以平常心接受這種煩躁和憤怒，反而認為孩子生病時自己不該有這種情緒的話，那麼壓抑的心情就會衍生成罪惡感，而且會認定自己是不合格的母親，讓整體的養育成效跟著降低。

同時感受到兩種相反的情緒是正常的

從某個角度來看，懷有「罪惡感與不安」似乎才是「好媽媽」，而感到「煩躁與憤怒」則是「壞媽媽」。所以當這兩種截然不同、相反的情緒同時支配自己的時候，人們就會感到混亂不已，這種相悖的情緒又稱為「矛盾情緒」。

矛盾情緒本身，比起構成矛盾情緒的兩種極端情緒更容易引發心理矛盾。舉例來說，「因為父母而感到傷心」這件事，讓自己痛苦的不是對父母的憤怒，而是「憤怒情緒」與「對父母的養育之恩」並存所產生的矛盾；因為不管是哪一種情緒，自己都難以完整接受，為此而感到痛苦。在這種矛盾情緒中，只選擇其中一種情緒，可以讓痛苦在某種程度上得到釋放。但媽媽的情緒更加錯綜複雜，不可能採取這種方法，沒辦法做到「想解決矛盾情緒就必須在相反的情緒中擇一」的既定主張。其實，兩種截然不同的情緒同時存在並不會造成太大的問題，如果可以好好接納，認同這些都是自己的情緒，反而能減少矛盾情緒引發的衝突。

身為母親，有任何情緒都沒關係

即使孩子生病了，也不能限制媽媽對於複雜情緒的感受，因為媽媽感受到的各種情緒，都是百分之百合理的情感。身為母親，有任何情緒都沒關係，在擔心的同時感到煩躁和憤怒也是正常現象。一邊擔心、一邊煩躁，某種角度來看是相當自然的一件事。即使暫時不當個好媽媽，也不會因此變成一個壞媽媽，我們應該擺脫非黑即白的二分法思維。越是抑制本能的情緒，日後越有可能將不合理的情緒轉移到孩子身上。

孩子耍賴時，媽媽會忍不住提高音量；管教孩子時，偶爾也可能控制不住力道。孩子生病是暫時的事，但疲憊母親的痛苦心情卻會持續下去，所以即便孩子生病，也要將眼光放遠一些，要好好梳理自己心中的複雜情緒並接納它。育兒過程總是充滿突發狀況，這是戰勝困難的關鍵。孩子生病時，做媽媽的越要安撫好自己的心情。

媽媽是心裡最難受的那個人

孩子生病，身體難受的人是孩子，但心裡最難受的人肯定是媽媽。心裡難受，身體也會跟著疲累，當媽媽因為擔心而夜以繼日照看孩子，再怎麼努力撐著也只能撐幾天而已，過不了多久體力就會透支。

孩子病得越重，媽媽越要好好照顧自己的身體。妳可能會特別為孩子準備有益身體的食物，同樣地，身為媽媽的妳也要多吃點健康的東西。更不要一個人徹夜照顧孩子，盡量動員所有幫得上忙的人，可以向丈夫、娘家和婆家尋求協助。當然，媽媽二十四小時的陪伴，能為孩子帶來心理上的安全感，但前提是媽媽必須擁有鋼鐵般的體力，而至今為止我從沒看過那樣的媽媽。無論是多麼強壯的人，成為媽媽後體力都會變差，尤其是孩子生病時，媽媽的體力會變得更加虛弱。

想培養跟孩子的堅固感情，有三個要素：敏感性、反應性和一致性。簡單來說，對孩子的需求能敏銳地掌握，並給予適當的反應，且對待孩子的態度不會因自己的情緒起伏而反覆無常。理解上述幾點並努力執行是不夠的，妳還必須對自己有一套健康管理。如果持續睡眠不足和食慾不振，妳的認知功能、專注力和敏捷性會降低，這麼一來就無法好好觀察孩子，當然也沒辦法掌握孩子的需求。

再說，就算能夠即時掌握，體力不足的情況下也很難給予適當反應。此外，睡眠有助於調節情緒，若是缺乏睡眠就無法控制情緒；當心情起伏不定，養育孩子就容易失去一致性。這些問題都不是靠母愛或意志力就能克服的。

一旦身體累積了疲勞，在某個瞬間妳也許就會想：「雖然孩子因為生病而受苦，但我也快累死了！」並且將身體不舒服而變得敏感的孩子扔在他自己的床上。這種行為對孩子或許沒什麼太大的影響，但卻會讓妳產生罪惡感而陷入痛苦深淵。遇到孩子生病，媽媽們反而要更懂得照顧自己，原因就在這裡。

總是變成怪物媽媽

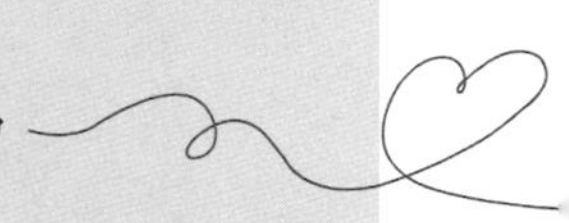

孩子不聽話就大發雷霆

某天，一名叫璟美的女士到我診間，說她的孩子小時候很乖巧，但不知從何時開始，變得完全不聽她的話，因此她想讓剛上小學的孩子接受心理檢查。談論孩子的過程中，她的音調經常不自覺拉高，眼眶也不時泛淚，似乎控制不住心中的悲憤。

聽完她詳細的描述後，我發現孩子的問題固然是個問題，但她的想法和情緒才是癥結所在。她開始無法克制地對孩子感到憤怒，是在孩子上幼兒園以後，因為從那時起，孩子會反駁媽媽說的每句話。一旦孩子不聽話或頂嘴，她就會氣到歇斯底里，甚至用打屁股作為懲罰。

這時如果丈夫質問她：「怎麼連個孩子都顧不好？」她會因為被無視而更加氣憤難平。不過等到夜深人靜孩子入睡後，她回想起今日種種時，心裡的罪惡感就會襲捲而來。一想到自己竟然是個壞媽媽，她便難以入眠。與環美進行一陣子的商談後，我才發現在養育孩子的過程中，這並非罕見的狀況。

被童年自卑感折磨的我們

環美有個姊姊，如同多數姊妹一樣，她們的關係從小就不好。姊姊比環美會讀書，臉蛋也比較漂亮，加上個性隨和，一直以來人緣極佳。雖然無法得知媽媽的內心想法，但從環美的立場來看，她覺得媽媽只疼愛姊姊，這讓她的心裡十分不滿。坦白說，環美甚至認為媽媽根本不愛她。

讓她感到不滿的對象不只媽媽，鄰居長輩或親戚們每次看到姊姊也是讚不絕口，誇她越來越漂亮。但就環美記憶所及，從來沒有人像這樣誇獎過她。這種事情常常發生，她覺得自己很可憐，也認為姊姊是無法超越的存在。即便如此，她仍然繼續尋找微乎其微的機會證明自己不比姊姊差。或許是這個緣故，小時候的她總是暗中觀察姊姊，想找出她的小毛病向媽媽告狀。

這種行為不僅出現在家裡，也反覆發生在她的校園生活。她把對姊姊的感受帶到了學校，對那些比自己表現更傑出的朋友懷有同樣的心情。擅長讀書的、長得漂亮的、交友廣泛的或是歌聲出眾的同學，全都成為她嫉妒的對象。每當看到這些人，她就覺得自己的處境十分淒慘。「為什麼我這麼常嫉妒別人呢？」這一直是她的煩惱，但尚未找到解答前，她已經長大成人了，個性沒有任何改變。

愛情對她而言是全部，因此她不顧父母反對，與一個愛她的男人結婚了。但後來身旁朋友都嫁得比自己好，她們的丈夫不但會賺錢還很顧家。只要遇到這些朋友，她就急忙包裝自己的丈夫，替他說好話，因為她覺得不這麼做，她的世界好像會崩潰。每逢那樣的日子，她就會對下班回家的丈夫發牢騷，唯有如此才能紓解她的壓力，讓自己的心情舒暢一點。就像這樣，無論遇到誰，只要覺得自己比對方遜色，她就會出現同樣的情緒障礙，這個問題在生孩子前就一直困擾著她。

擔心孩子看不起自己的想法

新生兒時期，媽媽給什麼孩子就吃什麼，哄他睡覺就乖乖睡，原本這麼乖巧的孩子竟然變得不聽話，讓媽媽陷入了苦惱。一方面媽媽認為跟孩子鬥氣必須贏過他，才能提高母親的權威，日後比較好教育孩子；但另一方面又認為，萬一無法調整好自己的情緒，可能會因為不當的言行對孩子造成傷害。可是如果完全放任不管，在心態上輸給孩子的話，又擔心自己會教出一個無法無天的小孩。事實上，比起不安感，媽媽更擔心以後會被孩子瞧不起，所以「輸給孩子」這件事莫名地讓人感到憤怒。不管怎麼做，都令人痛苦萬分、左右為難。

開始鬥氣就是輸了

其實，媽媽尚未意識到與孩子比輸贏之前，就不自覺地拚命想贏過孩子了。由此可見，不論什麼情況都想獲勝的心態，可能是人類的本能。但是媽媽和孩子鬥氣這件事，真的恰當嗎？拳擊或摔跤這類一對一的體育項目，會根據體型區分級別，條件相仿的對手才能比賽。假如具備優勢的人與實力略遜一籌的人進行勝負之爭，任誰看來都是一場不公平的比賽，前者就算贏了也臉上無光，與輸掉比賽沒什麼兩樣。

所以，一旦媽媽開始和孩子鬥氣，媽媽就輸了，因為媽媽不僅技高一籌，母子實力還可說是相當懸殊。媽媽作為優勢者，應該用更寬容的心來看待孩子的想法和行為才對。如果和孩子的關係讓媽媽變得焦慮不安，那證明媽媽已經輸給孩子了。狀況嚴重時，甚至會和孩子計較誰更具有價值和存在感。

媽媽在與孩子的競爭中輸掉，會覺得自己的心變得越來越渺小。這種感受會原封不動地轉化成對孩子的憤怒，事後更免不了罪惡感的折磨。比起鬥氣鬥輸了，這種心理模式反而給媽媽更大的挫敗感。

回顧童年時期的情緒和想法

當然，想立即停止與孩子鬥氣並不容易。雖然腦袋知道沒必要與孩子鬥氣，內心卻無法乖乖聽從指令。養育孩子的過程中，當孩子無理取鬧提出各種要求時，媽媽經常會煩惱是否答應他。一旦滿足孩子的要求，不知為何總會出現一種落敗感，有時甚至覺得自己的存在好像崩塌了。相反地，舉著教育旗幟強迫孩子服從自己，則會得到勝利的快感。身為母親的妳，如果日常中反覆出現這種模式，而且都讓妳感到不舒服的話，可以先想一想，自己是否在養育孩子上出現解決不了的難題。

就像人生中遇到的無數對手一樣，或許妳在不知不覺中把孩子當成競爭對手了。這種時候，回首埋藏在內心的過往，對於改善現況有極大的幫助。最簡單的方式就是像璟美一樣，回顧童年時期與兄弟姊妹的關係。想一想，妳的手足是否因為比自己會讀書、更乖巧懂事或外貌優越而得到更多關注和疼愛，因而讓妳心生嫉妒呢？是否曾經因為父母或周遭人們總是忽略自己而怨恨他們呢？

好好了解隱藏在嫉妒背後的情緒——那些被忽視或顧影自憐的想法，然後給自己充分地撫慰：「原來當時的我是那樣，才會不管遇到什麼人都讓我難受。」如果妳能這麼想，問題已經解決一半了。

與其認為「雖然發生過這些事，但不是很嚴重」或「我沒有受到太大的影響」等裝作若無其事的樣子，坦誠面對自己會更好。不管童年時期的想法和情緒如何，站在當時那個孩子的立場而言，都是再正常不過的事。如今妳已經長大成人了，慢慢地重新整理當時的想法和情緒吧！

別錯過瞬間的情緒

如果每天都跟孩子鬥氣，已經到了難以停止的地步，該怎麼辦才好？假如沒先徹底解決內心的競爭心態而強行停止鬥氣，可能會讓妳每次都因為愧疚和落敗感而受盡折磨，壓抑的情緒也會轉成憤怒，莫名其妙發洩在孩子身上。所以真正的解決之道，是趁著與孩子鬥氣時，好好檢視自己內心反覆出現的想法和情緒。

「原來只要孩子不聽我的話，我就會發脾氣啊。」

「原來感到生氣的同時，我還有一種被孩子無視的感覺。」

「原來一想到連孩子都瞧不起我，我就會陷入難以忍受的情緒漩渦。」

當然，這麼做沒辦法立刻見效，不會因為試了幾次就改變長期以來反覆出現的模式。即使每次都因為和孩子鬥氣而大發雷霆，妳也不要因此對自己感到失望，只要試著認同身為母親的自己，也是一個需要繼續成長的人，就會開始慢慢出現不同的變化。

不管童年時期的想法和情緒如何，
站在當時那個孩子的立場而言，
都是再正常不過的事。
如今妳已經長大成人了，
慢慢地重新整理當時的想法和情緒吧！

好像只有我無法理解孩子的心

對「共感育兒」焦躁不已的媽媽們

我去兒童咖啡店、公園或動物園的時候，經常看到帶孩子一起外出的媽媽們。看到母親與孩子的相處，總會讓我產生兩種想法：其一，是感受到媽媽非常用心地帶孩子；其二，則是覺得媽媽們偶爾有反應過度的行為。

「共感育兒」一詞已流行一段時間了，對育兒議題有興趣的媽媽，大部分都知道「共感」的重要性。孩子哭，媽媽就在一旁用更大的音量發出悲傷的聲音，努力讓孩子產生共鳴；孩子笑，媽媽就露出比孩子更開朗的表情，分享孩子的喜悅。但是這麼做，孩子真的能從媽媽的行為得到同感嗎？

在雙向互動中，最重要的是共感，即「同理心」。理解對方立場並產生同理，是孩子發展社會性的基礎，這點不可否認。當父母給予支持性的情緒反應，孩子就能學會表達與調節情緒的方法，讓自己更容易被社會接納。現代社會中，人們為了獲得成功並過上滿意的生活，「社會性」已被視為必要的品德之一，獲得比以往更高的評價，因此「共感力」在育兒界也成了熱門關鍵詞。然而，如果是敷衍了事的共感，那還不如什麼都不做。

當共感成了敷衍

成為精神科醫師前，我知道對病患要有同理心，是精神科醫師最重要的品德之一。但在我擔任精神科住院醫師的第一年發生了一件事，讓我明白有比同理心更重要的東西。有天，病房護理師通知我，有位病患因為憂鬱症入院，請我到病房與她面談。

一開始我照前輩教導的，以「請問是哪裡不舒服呢？」為開場白展開了諮商。病患說：「我最近心情很憂鬱，身體也很疲倦，所以才過來的。」一聽到她這麼說，我認為應該表達自己的感同身受，所以對她說：

「您一定很辛苦吧。」結果，我以為自己真心地表達出同理心，但病患卻好像完全沒感受到的樣子。雖然我們面談了一小時左右，然而談話內容似乎觸及不到她的心，直到結束時我依然無法具體了解她內心的痛苦。

後來和同為住院醫師的學長聊過後，我才明白自己做錯了什麼。病患的情況、經驗、是否因遭遇了某事而難過等，我在尚未具體掌握這些以前，一聽到病患因為憂鬱而辛苦，就輕率表達了自己的同理心。現在回想起來，聽完病患具體的情況，再表達自己的同理心才是更合宜的做法，但當時的我沒有完成這個必要過程。也許是因為好不容易成為夢寐以求的精神科醫師，急切地想把自己的同理心傳達給病患，才會適得其反。

這點，其實和母親們養育孩子沒什麼太大的區別。如果一味執著於共感本身，很容易就變成敷衍了事的共感。孩子大哭大鬧時，迫於壓力而迅速給予安慰和共感，反而無法明確掌握孩子哭鬧的原因。這麼做也沒有多餘時間去推測孩子的想法，即使表達了共感，也只是漫不經心的共感而已。同樣情況，孩子咯咯笑的時候，如果媽媽忙著跟他互動，而沒去思考孩子開心的理由，這種共感也只是虛應故事。

比起共感，觀察更重要

其實，要理解孩子面臨的情況和孩子的想法，並沒有那麼容易。特別是年幼的孩子，越小就越無法條理分明地表達自己的狀況和心情。即便如此，想要理解孩子、跟他有同感的話，該怎麼做呢？

我想再談談我第一年當精神科住院醫師的經歷。有一次，事先從病房護理師那裡得知有憂鬱症患者住院的消息，於是我前去與那位病患面談。我同樣以「請問是哪裡不舒服呢？」作為開場白，但這位中年阿姨的回答從一開始就讓我感到不知所措。

「我也不太清楚，是我丈夫和孩子們叫我看醫生，所以我才來的。」

由於她是被門診教授診斷為憂鬱症才住院，我認為診斷應該不會錯，所以再次詢問她。

「您不是因為憂鬱才來的嗎？」

「可是我並不覺得憂鬱。」

在無可奈何的情況下，只好繼續跟她進行各種談話，並找上學長商量該怎麼處理。學長問了一個出乎我意料的問題，他說：「那位病患的表情、視線、說話音調的高低和速度如何？」我試著回想一下，她當時面無表情地低著頭，說話速度偏慢，以中年婦女來說，聲音算是比較低沉的。學長說：「這些正是憂鬱症患者常見的特徵，身為精神科醫師應該將這些也列入觀察才行。」雖然我嘴上回答知道，但是心裡卻另有想法。

「那位女士本來就是個面無表情的人，再加上個性小心謹慎，所以說話時不太敢正視別人。而說話速度緩慢和聲音低沉，好像也是天生的。」

但就在她住院兩到三週後，在藥物和諮詢的治療下，狀況出現了很大的變化。後來的面談中，她已經可以直視我的眼睛，隨著談話內容的不同，她的表情變化也豐富起來。說話速度頗快，音調也不再低沉，反而有點偏高。我猜想或許是服用抗憂鬱症的藥物而引發了躁鬱症，因此去問了她的子女們，他們卻說那就是她平常的樣子。原來，那位病患只是沒把憂鬱症說出口，卻用上全身來表達她的憂鬱。

孩子的情況也是一樣。小孩未滿兩歲時還不太會說話，即使超過兩歲，距離能夠完整表達自己的感受也還有很長一段時間。因此，媽媽應該站在孩子的角度，用孩子的視野來了解他的情況。即使孩子無法用言語準確表達，也得藉著觀察孩子的表情、聲音及行為等變化，來推測他的想法。

縱使妳的本意是想給孩子有益的教導，但如果每次都干涉孩子的行為，那麼就很難有機會去觀察孩子經歷的狀況，以及由此帶來的微妙心理變化。無論妳給孩子多好的教育，如果沒有同理心，就無法完全理解和接受孩子的想法。

青春期的孩子之所以會對訓斥自己的媽媽說「妳根本什麼都不懂」，其實就是在含蓄地表達從小到大對媽媽的不滿。由於相處時間多，孩子認為即使不說，媽媽也能夠明白；但後來他們發現，如果不把話說出口，媽媽就無法理解。隨著心裡的期待越大，產生誤會的情況也越多。這種非語言式的溝通是透過小時候開始，父母對孩子不斷地觀察、理解以及同感自然形成的。

先照顧好自己，才能產生真正的共感

共感，並非想像中的那麼簡單。撫養孩子的過程中，如果每時每刻都努力要與孩子共感，那麼在開始之前就會感受到壓力了。就算大家一樣在辦公室坐八小時，每個人的業務量和處理工作的程度也不盡相同；同樣地，即使媽媽整天和孩子待在一起，也不是每位媽媽都會去觀察、理解並認同孩子。

上班族必須集中精神才能有效地提高工作能力，考生也得做好壓力和體力的管理才會提升學業能力，身為一名養育孩子的媽媽，當然也要做好身體和心理的健康管理才行。除了按時吃飯和充足睡眠，也要及時調整好自己的心態。如果因為必須產生共感的想法而感受到壓力，那就代表妳已經無法以平常心客觀地產生共感了。

擁有同理心的媽媽，才能給孩子共感

媽媽們通常認為只要用溫柔的語氣、平和的表情看著孩子的眼睛說話，就是一種共感的表現。很多媽媽會來問我表現共感的具體訣竅，其實，共感的形式並不重要，妳只要回想自己從朋友或周遭人們那裡得到的共感記憶，就能找到答案。只要認同對方是個值得信賴的人，當對方聽了我說的話、明確了解我的狀況和情緒時，我們就已經獲得充分的共感了。對方聽自己說話時的表情、語氣和表達技巧等等都是次要的。

所以，如果問我怎麼跟孩子產生共感，我會告訴妳不需要拘泥於方法和技巧。最重要的是好好觀察孩子，理解他的狀況和情緒，表現共感的方法則依當下情況去判斷就行了，要保持自然且具變通性。再說，早在觀察和理解的過程中，就已經形成共感了。

此外，藉由觀察、理解而得到共感的對象，除了孩子還有媽媽本身。從客觀角度來觀察自己所處的情況、想法、情緒及行為，就能更加理解身處育兒這個複雜狀況中的自己。就結果而言，唯有以觀察與理解為基礎而得到共感的母親，才能讓孩子得到真正的共感。

必須把愛分享給其他孩子而感到抱歉

以罪人心情活著的雙寶媽媽

未婚或沒生育的人，總是對養育兩個孩子的媽媽說出類似的安慰話：「帶著兩個孩子，辛苦程度一定也是雙倍，加油！」

對養育兩個孩子的媽媽來說，從這句話完全得不到安慰，因為辛苦程度不僅僅是兩倍。在我加入雙寶爸媽前，就聽過許多媽媽說，帶兩個孩子不是雙倍辛苦，而是十倍的辛苦。我帶著這種覺悟生下老二，雖不至於感到十倍辛苦，但依照我個人的感受，大約也有五倍那麼多。比較接近人家常說的，孩子的數量和辛苦程度成正比（生兩個是四倍，生三個是六倍）。假如完全不知道這點就生了第二胎，媽媽可能真的會感受到十倍的辛苦。

舉例來說，當老大正要入睡那一刻，老二嗚咽的哭聲瞬間就把老大吵醒；在哄老二睡覺時，換咯咯笑的老大把老二弄醒，於是我珍貴的夜晚變得越來越短暫。當一個孩子耍賴要我哄他的時候，另一個也會哭著要我抱他，最後兩個孩子哭成一團，誰也不讓誰，兩個都想得到關注。我只好經常同時抱著兩個孩子，久而久之腰部椎間盤突出就找上門了。不過，能夠同時抱著兩個孩子已算幸運，如果孩子互相爭寵，為了獨占爸媽的擁抱而推擠對方並大哭大鬧，那才真的叫人崩潰。

有位撫養三個孩子的媽媽聽我這麼說之後，用某種高深莫測的表情看著我說，這是一種「幸福的」煩惱。家中只有一個孩子時，我以為全天下所有媽媽都是一樣的，但當我養育第二個孩子後，我開始對一個孩子和兩個孩子的媽媽做出區別。當我在路上看到帶著三個孩子的媽媽時，更會不自覺地低下頭，在心中向她致上最高敬意。

最折磨的，是對兩個孩子的愧疚之心

比起養育一個孩子，養兩個以上的孩子更累的緣由是什麼呢？以物理學角度來看，養育多名孩子確實會產生加乘作用。孩子還小時，與其由雙親共同照看兩個孩子，各自負責看管一個更有效率。否則老二還幼小時，老大會去搶他的東西或打他；等老二長大時，兩個又會互相打鬧。接下來的幾年，也只能繼續將他們分開來個別照顧。

但更辛苦的，是媽媽心情上所經歷的加乘效果。只要是媽媽，難免都會對孩子感到愧疚。第二個孩子出生後，當媽媽把心思花在老大身上時，會覺得對不起老二；照顧老二時，又會對老大心懷歉意。看著曾經占據自己全部的愛、捧在手掌心的老大，就會覺得當初應該晚一點再生老二。但如果為了顧及老大心情，總是把老二的事排在第二順位，就會想到老大至少有過獨占父母的時期，而老二卻沒有，因而又對老二愧疚不已。這樣做也不對，那樣做也不是，這就是為人母親無可奈何的心情。

孩子不是靠媽媽一人獨自撫養的

媽媽們自從以母親身分展開新生活後，經常出現與自己的母親、婆婆或奶奶比較的瞬間。即使沒有特別去較量，但婆婆一句「我們以前都同時扶養好幾個孩子」就足以造成傷害，讓媽媽們覺得自己無比渺小。看看周遭朋友，大家最多也是兩個孩子而已，不是一次帶三個或四個，但為什麼還是覺得這麼辛苦呢？難道真的是我們這世代比婆媽那一代更軟弱嗎？

我們的社會從長期的大家族時代轉變為現在的核心家庭，或許才是最主要的原因。生活在大家族時代，從小就看著家中長輩養育孩子的場景，甚至偶爾也得幫忙帶小孩，即便是間接行為，也算體驗過育兒。

然而現在的媽媽都成長於核心家庭，大部分的人連間接照顧孩子的機會都沒有，直接就步入禮堂結婚生子了。本來就對育兒感到茫然恐懼，再加上看著身旁朋友成為媽媽後辛苦的模樣，內心的不安就更加嚴重。在大家族時代，不是好幾個家庭同住一個屋簷下，就是親朋好友都住在附近，只要有需求，隨時可以請求協助。如今狀況完全不同，多數是小家庭自己住，連雙方父母的家都離得很遠，育兒只能依靠夫妻兩人。有句俚語說：「養大一個孩子需要動員全村之力。」可見扶養孩子不能單靠自己，也不僅僅是夫妻間的問題，扶養兩名孩子以上的家庭更是如此。

媽媽無法一個人完美地照顧孩子

想好好養育孩子，就得時時刻刻理解孩子的想法和狀況，為此媽媽必須堅持不懈地努力觀察才行。但是當孩子從一個變成兩個的時候，從物理角度來看，觀察能力也一分為二，因此總是錯過許多良機。人家說養育兩到三個孩子時，育兒功力會大為增進，與其說是實力增加，不如說是更懂得如何做出取捨。這不是出於無奈而變得萬念俱灰，而是藉由親身體驗明白放棄某些東西，對孩子的成長和發展也不會造成太大的影響。

事實上，最理想的教養不是加法育兒，而是減法育兒。如果看了很多育兒書籍、接觸到大量訊息後，妳會發現即使只養一個孩子，也是一件麻煩透頂的事。光是看到「媽媽會毀掉孩子的五十種習慣」這種標題，就讓人喘不過氣了，更別說把內文全部讀完。同時這也是一種逃避心理，因為妳擔心閱讀過程中，萬一發現裡頭有數十種習慣都符合自己的狀況，可能會感到很挫折。

生了兩個孩子後，反而有了擺脫壓力的機會。很多媽媽在只有一個孩子時，再怎麼辛苦也會努力按書中的理論來養育孩子，不過一旦生了老二，媽媽就放下內心的執著了。就算沒照書裡教的去做，也幾乎沒聽過因此而教養失敗的例子。

媽媽可以趁此機會學到一個道理，那就是只要做好最低限度該做的事，其餘交給孩子去做就行了。媽媽一個人無論多努力，都無法完美地撫養孩子，當妳按照理論跟其中一個孩子互動時，就得違背理論放任另一個孩子不管。養育一個孩子和兩個孩子，在現實中適用的理論必定是不同的。

超越物理學的愛

關於第二胎的煩惱，與其說是沒信心撫養兩個孩子，不如說對於必須分享自己的愛而對孩子感到抱歉。

我自己也比預期中更快有了第二個孩子，所以我能理解接連生下孩子的媽媽遇到的難處，不安感確實比想像中來得強烈。一想到生了第二胎，就要把自己擁有的愛（百分之百）分成兩半（百分之五十＋百分之五十），而對孩子們感到抱歉和心痛。但後來我發現，自己對孩子的深愛已超越了物理學的概念，因為我擁有的愛變成了兩倍（百分之兩百），所以我可以給每個孩子全部（百分之百）的愛。這真是一種神奇的經歷。

給正在苦惱是否生第二胎的媽媽

煩惱著是否生第二胎的媽媽們，我有話想對妳們說。即使妳一直苦惱這個問題，也得不到明確的答案，更何況最近的研究也表明，沒有證據能顯示獨生子女比起有兄弟姊妹的人，會在個性或社會性等方面出現問題。很多人是因為狀況不允許只能撫養一個孩子，才會沒有生第二胎的煩惱。

如果妳正在苦惱這件事，就表示妳的心已經偏向生第二胎了。人生中許多令人猶豫是否去做的事情，如果不涉及倫理或道德，比起做了會後悔，通常的情況是沒做才會感到後悔。要不要生第二胎是父母的選擇，也是父母的自由，假如妳決定生第二胎，就能像我一樣獲得神奇的體驗，讓原本以為有限的愛增加為兩倍。

想上班工作，卻又覺得對不起孩子

不管怎麼做都心情沉重的職場媽媽

身為職業婦女的尚允媽媽總是心情沉重，因為育嬰假結束了，她不得不在尚允滿週歲時就返回職場。由於沒人可託付，只好把孩子送到私立托兒所。原先一直很乖巧的尚允，可能和媽媽在一起的時間變少，加上環境突然發生變化，因而變得較為敏感，為此她相當擔憂。本來婆婆說喜歡會工作的媳婦，也很尊重她的意見，但最近卻老是問她：「妳這樣工作能賺多少錢？」這讓她心裡很不好受。

某天，托兒所打了電話給她。人們總說托兒所的來電絕沒好事，果然不出所料，是尚允發燒了。雖然媽媽人在辦公室，心卻早已飛到尚允身邊，導致她處理公事心不在焉，時間一到就立刻下班。她擔心太晚去可能會來不及看醫生，所以急忙飛奔到托兒所接走尚允，幸好在醫院關門前接受到診療。可是即使讓孩子吃了退燒藥，也用熱水幫他按摩，還是整晚高燒不退。她徹夜睡不安穩，雖然自己疲憊不堪，卻最擔憂尚允的身體。因為公司不能臨時請假，她只好把藥袋和用藥說明放進書包裡，準備送孩子上學。看著熟睡的尚允，她的眼淚奪眶而出。

一般而言，孩子生病了，媽媽都會讓他在家好好休息幾天。尚允媽媽想著自己並不貪圖榮華富貴，為什麼要因為工作讓孩子受苦呢？這些複雜的思緒一直在她腦中盤旋，讓她輾轉難眠。

身為一名住在韓國的職場媽媽

最近談及媽媽的苦衷時，不得不提的就是職場媽媽的煩惱。不僅是工作與育兒蠟燭兩頭燒的艱辛，還會因此延伸成無力感和憂鬱症，造成更大的問題。由於當代女性積極參與社會活動，加上比上一代更沉重的經濟負擔等原因，雙薪家庭的比例節節上升，職場媽媽的人數也扶搖直上。

不過，如果看二〇一八年韓國的統計數據，女性經濟活動的參與率為百分之五十四．一，與男性的百分之七十一．九相比仍然較低。可見育兒重擔普遍落在母親身上，認為育兒是母親分內事這種傳統價值觀依然存在。此外，根據二〇一九年韓國統計廳公布的數據，女性就業困難的最大因素是「育兒負擔」（百分之五十．六），這就表示當下還有許多媽媽為了孩子在考慮是否辭掉工作。

獲得職場上班族好評、被形容為比現實更像現實的電視劇《未生》，有一幕讓職場婦女深有同感的場面也反映了這個現象。劇中角色宣次長為了兼顧工作與育兒，總是在職場上孤軍奮戰，但男同事得知她懷上第三胎後，卻毫不留情地說出「帶孩子是媽媽的工作」這種話，徹底流露出傳統價值觀裡無法根除的遺毒。

「又要留職停薪了？生第一胎和第二胎的時候，我們不知道幫了她多少忙！

女人還真是麻煩。如果想數落她一頓，她就會把結婚、懷孕、老公、孩子都搬出來，哎喲，藉口真多，再不然就是想用眼淚來解決。這都是因為女人不懂什麼叫義氣。」

透過電視劇裡男性職員間的對話，不禁讓人開始懷疑身邊男性職員對職場媽媽的看法，說不定他們心裡也是這麼看待她們的。

要求做到「超人媽媽」的社會

究竟工作和育兒能否並行呢？這個社會賜予兼顧兩者的職場媽媽一個看似光榮的稱號，將她們包裝成「超人媽媽」，但這反而成了她們在工作和家庭裡的枷鎖。「超人媽媽」一詞，也許是社會暗地裡期待女性可以成為這樣的人，是一種男性思考模式下產生的假象。在現實世界中，工作和育兒光是能做好一項都不容易了，可是這個社會卻要求職場媽媽必須完美地兼顧兩者。

如果媽媽在不知不覺間認同這種觀念，要求自己達到所謂超人媽媽的超高標準，很可能就會因為無法兼顧兩者而遭受失敗和挫折。這種經歷會影響媽媽的情緒和行為，導致工作與育兒不斷顧此失彼的惡性循環。

工作真的會對孩子造成負面影響嗎？

很多媽媽擔心自己身處職場，母親角色的空缺會給孩子帶來不好的影響，因而感到內疚不安。不過，最近的媽媽們不只是經濟上的考量，一部分也為了滿足自我實現等個人需求而選擇留在職場。

從媽媽的自我肯定面來看，這件事值得鼓勵，但與此同時，因為工作而產生罪惡感的狀況也與日俱增。從一項韓國研究的結果來看，職場媽媽遭遇的最大難題正是育兒問題。孩子年紀越小，託付給別人的罪惡感就越大，導致媽媽的育兒壓力跟著增加。但話說回來，媽媽就業真的會對孩子造成負面影響嗎？

將相關研究做個歸類，大致可分為兩種觀點：一種認為「對孩子有負面影響」，另一種則主張「如果有人可以代替母親接續照顧孩子，那就沒什麼太大的問題」。此外也有研究表明，媽媽就業反而有助於孩子的成長，對孩子的自律性和獨立性會帶來積極的影響。因此，比起媽媽就業這個問題本身，由誰來代替媽媽照顧孩子、能否讓孩子產生歸屬感和安定感更重要，媽媽沒必要因為自己是職場婦女而感到內疚。更何況心懷愧疚會引發過度的不安，進而對照顧孩子的人產生太多顧慮，這樣反而會製造出新問題。

還有一些職場媽媽因為怕給公司添麻煩，與其他職員相處時會越來越退縮，其實不需要這樣。美國密蘇里州聖路易聯邦儲備銀行（Federal Reserve Bank of St. Louis）研究團隊，以一萬名職場男女為對象做了一份研究報告，根據研究成果來看，比起沒養育孩子的上班族，養育孩子的人在生產效率上反而高出許多。令人感到有趣的是，這項調查一開始是以生孩子會造成工作效率降低的假設為前提，沒想到結果卻出乎預料。

女性在「育兒」與「工作生產力」之間的關聯性比男性更顯著，而擁有兩個孩子以上的女性又比只有一個孩子的女性，工作效率來得更高。當然，孩子處於嬰幼兒階段，媽媽的工作效率會比同齡員工下降百分之十五至十七，但過了這段時期，反而會出現逆轉。研究團隊認為這是因為在養育孩子的過程中，讓母親產生責任感、歸屬感及心理安全感的關係。也許孩子還小的時候，的確會給工作帶來暫時的影響，但就長遠的眼光來看，反而能給公司帶來好處。所以，妳沒必要因為是職場媽媽就畏縮不前，而是要以這個身分為榮，變得更加理直氣壯。

身為職場媽媽的最大優點

職場媽媽確實有一項好處，就是可以固定一段時間與孩子分開。如果整天跟孩子待在一起，媽媽可能會罹患育兒憂鬱症，心理上變得難以面對分離。就算孩子正在獨自玩耍，或是託付給丈夫與父母，也會一直掛念孩子，使得很多媽媽覺得獨處時間非常難熬。這種心理上的分離是很難單靠意志力去克服的。

相反地，職場媽媽去上班，就等於從育兒的世界裡下班。孩子和媽媽在面臨第一次分離時肯定會遇到困難，但適應後就可以接受這種規律的分離。如此一來，即使和孩子在一起，也能保持適當的心理距離，這麼做對母親的心理安定有很大的幫助，也可以提供孩子更優良的養育品質。

適時地厚臉皮、拒絕與請求

如果因為職場媽媽的身分，讓自己承受著不必要的罪惡感，那不如學著厚臉皮一點會更好。「厚臉皮」在字典裡的解釋是：「即使做了令人羞愧的事，也能不知羞恥地泰然自若。」身為一名職業婦女並不是什麼丟臉的事，但假如妳一直對孩子心懷歉意，那麼與其去否認這種想法，不如努力讓自己變得厚臉皮一點，這樣反而有幫助。不要把自己的狀況拿去和其他媽媽比較，只要認為自己在工作和育兒方面「即使不知道做得好不好，但已經全力以赴了」就行。一旦對自己有信心，對孩子的事情也會變得更積極。

另外，也要試著習慣拒絕和請求。如果過去以來，不管在職場或家中，妳已經習慣被要求做一些瑣碎雜事，那麼從現在開始，試著去拒絕那些不是非妳不可的工作。並試著積極去向周遭人們尋求幫助，不管是丈夫、娘家或婆家的親友。身為一名母親，向他人求助不是什麼可恥的事，相反地，有研究成果指出，越能得到周圍人們協助的母親，越能表現出積極的養育行為，而且可以減少控制性的養育方式，得到更多讚賞。

當妳習慣了在職場和家庭生活中去拒絕和請求時，就能找回一些因為扮演職場媽媽而失去的生活餘裕。一旦變得從容不迫，自然會讓妳放下這段時間以來一直背負在身上的沉重枷鎖。

1

堅守媽媽專屬的寧靜時光

跟法國媽媽學習如何達到平衡

法國媽媽生產後三個月內就可以恢復少女般的身材，母乳餵養通常只有一個月左右的時間，便迅速返回職場工作。在她們身上完全看不到罪惡感，不但會上美容院打理自己，就連送孩子去托兒所也會化全妝並穿上高跟鞋。法國媽媽認為只有照顧好自己才會得到幸福，也唯有如此，孩子才能幸福地成長。法國小孩之所以不太會頂嘴，是因為母親總能保持內心平靜，所以對待孩子的態度總是堅定又溫暖。

每當有人問我育兒最重要的一件事是什麼，我總會回答「平衡」。其中，最重要的正是媽媽和孩子之間的平衡。

如果為了好好照顧孩子，把重心全放在孩子身上，就很容易忽略媽媽自己的需求，導致不知不覺用疲憊不堪的身心去對待孩子。相反地，如果只把心思花在滿足自己，則容易把孩子的事拋到腦後。

媽媽想在自己和孩子之間找到平衡點，首要之務，是找回為了全心照顧孩子而排到最末位的個人需求。

不願意與孩子分離的理由

所謂「了解媽媽自己的需求」、「照顧好自己」究竟是什麼意思呢？作為一名母親，必須面臨相當多的選擇，給孩子準備什麼樣的飯菜和零食、替孩子挑選什麼樣的玩具和書籍，每每站在為孩子做選擇的十字路口時，思緒總是變得相當複雜。與其說做選擇是一件快樂的事，不如說是疲勞轟炸更為貼切。這種時候，唯有安靜的獨處時間，才能讓妳在做選擇時抓住重心而做出正確判斷。

越是陷入選擇障礙，媽媽就越需要能夠獨自放鬆的時間。在這段時光裡，妳可以正視自己，將焦點從孩子身上移開，轉移到自己身上，這麼做會讓妳比以前更愛自己。如此一來，妳和孩子的關係也會變得更加穩固。

比起時時刻刻相伴孩子，這麼做之後，孩子的感受性反而會更加敏銳。

不過，還是有許多媽媽選擇每天忙得不可開交。也許一方面是想營造出勤勞的形象，而另一方面其實是害怕在孤寂中靜下心來面對自己的情緒。對很多媽媽而言，「獨自」一詞會讓她們產生不安，也會讓她們想起過去曾經寂寞的回憶。特別是生兒育女後，因為已經和孩子產生深厚的連繫，即便只是短暫分離，也會讓媽媽因為孤單而感到痛苦。

保留與孩子分開的自我療癒時光

想維持健康就必須讓身心得到充分休息，對媽媽來說尤其不可或缺。如果媽媽沒意識到自己必須保有規律的休息，她就會讓自己過著馬不停蹄的日子。為了讓身體獲得充足的休息，必須暫時離開孩子，回到一人獨處的狀態；為了讓心靈得到徹底的放鬆，必須把焦點從孩子身上移開，回頭思考一下自己的事情。

母親獨處的時光，可當作是心理上提前做好與孩子分離的準備時間。

事實上，每天二十四小時都與孩子待在一起，母親罹患憂鬱症的風險會提高，對孩子也會造成不良的影響。如果無法將孩子暫時託付他人，那麼，從日常生活中找出一些瑣碎的空檔也是個好方法。

早上提前三十分鐘起床，或是孩子入睡後的三十分鐘也可以，請試著準備一段專屬於自己的時間。在這段時間裡，妳應該遠離手機，也不要打開電腦或電視。將噪音阻隔在外，享受寧靜，並清空腦中的所有想法。

醫學領域中有許多能夠證明孤獨對身體有益的研究，像是反覆進行冥想和禱告有助於降低血壓和不安。也許妳會說：「已經累得半死了，還叫我少睡一會兒？」只要有心，無論如何都能抽出時間，請務必堅守專屬於媽媽的寧靜自我療癒時光！

Chapter 2

今天也
因為孩子而感到不安

看到孩子的表情像在對她說：
「媽媽好壞！我對媽媽太失望了！」
她想著，一定要對孩子極盡寵愛，
才表示自己有好好養育孩子嗎？
還是採取旁觀者的態度，才是更好的教育方式呢？
她每天都陷在這樣的煩惱中。

孩子越大，心裡越不安

懂太多反而更加不安

對育兒資訊瞭若指掌、盡心盡力培養孩子，是周遭人們對英勳媽媽的評價。不過她總是終日惶惶，因為懂得太多反而更加不安。她聽說小孩三歲前由媽媽親自撫養比較好，所以沒送孩子去托兒所。等到該送去的時候，因為想蒐集托兒所和遊戲學校的資訊，同時也想聽取親朋好友的建議，因此延誤了做決定的時間。轉眼間孩子五歲了，她覺得與其上托兒所再轉幼兒園，不如直接送孩子上幼兒園就好，於是又開始打聽幼兒園的資訊。不出所料，這次她又在英語幼兒園與一般幼兒園之間猶豫不決。

此外，英勳媽媽從未讓孩子看電視。自從她知道電視對孩子有不良影響後，在英勳出生的同時也把家中電視處理掉了。帶英勳外出時，她也從沒買過外食給他吃，總是自己帶便當解決吃飯的問題。因為她擔心買外面的東西給英勳吃，可能會讓他的異位性皮膚炎惡化。

每次要去兒童咖啡館之前，因為擔心有小兒流行性疾病正在發生，所以她會先上網瀏覽幾個媽媽的貼文，調查一下最近生病的孩子多寡，確認情況安全後才會前往。每當她閱讀育兒書籍時，也會反思自己的養育方式是過度不安造成的，雖然明知不應該這樣，但想改也不是一時之間就改得過來。

不當的罪惡感引發不安

有部關於母親的電影，名稱很直白地就叫做《非常母親》。據說拍攝這部電影的導演奉俊昊，為了邀請演員金惠子出演母親一角而費盡心思。導演在採訪中說到，金惠子的長相最能代表韓國的母親；不過或許是為了表現出比任何人都複雜的母親心理，所以才找上具備演技的演員來詮釋這個角色吧。

電影中令人印象深刻的場景之一，是媽媽目睹兒子差點被車撞到，肇事者卻逃逸的情節。媽媽本來正在用鍘刀切藥材，當她看到兒子差點被車衝撞，刀子不小心割傷了手。後來她以為兒子臉上流血了，卻沒發覺原來那是她手上的血，她為此感到驚訝。

這一幕還傳遞出一個訊息，那就是媽媽認為是自己的錯誤才造成兒子的智能不足，心裡的愧疚轉變成對孩子的過度焦慮，因而扭曲了發生在兒子周圍的真實情況。也許這就是這部電影想傳達給帶著不當罪惡感活著的母親們，一個最重要的訊息。

因為是母親，所以才會不安

可以確定的是，在讀這本書的媽媽們，每個都經歷過不安。但如果有人問：「不安是什麼？」卻幾乎沒人可以立刻給出答案。身為一名精神科醫師，最常接觸到的症狀就是「不安」，然而大部分的人都無法明確述說自己的不安，只能用模稜兩可的敘述來表達。就連字典對不安的定義，也是寫著「令人感到不快的模糊恐懼」。從心理學來解釋，造成不安通常需要兩個因素，其一是對個人來說「不熟悉的情況」；其二則是「為了適應必須努力」。如果發生一個自己不熟悉的情況，產生不安的反應是保護自己的本能，通常多次接觸後，不安的情緒就會逐漸減少。

不過，照顧孩子是一件變化無常且不可預測的工作，會不斷遇到不熟悉的情況。一般而言，人們遇到不熟悉的狀況，比起努力去適應，選擇忽視或逃避更能避免不安的感受。可是育兒是無法逃避的，只能選擇拚命去適應每個情況，這就是母親的人生。好不容易覺得自己稍微適應時，孩子長大了，馬上又進入另一個不同的階段，所以媽媽永遠有適應不完的全新挑戰。這就是為什麼母親的人生總是充滿不安的原因。

媽媽感到不安，孩子也會變得消極

以筆名埃密爾．艾加（Emile Ajar）獲得兩次龔固爾文學獎的作家羅曼．加里（Romain Gary），在他第二部獲獎作品《雨傘默默》裡，出現一幕精神科醫師看來非常有趣的情節。代替母親撫養主角默默的羅莎太太，認為默默的行為很奇怪，因而帶他去看精神科。醫師見到羅莎太太和孩子後，告訴她「孩子很正常，您不必擔心」，並開了精神安定劑。不過這個精神安定劑不是開給孩子，而是開給羅莎太太吃的。

這段場景和診間實際發生的情況幾乎一模一樣。很多母親覺得自己的孩子奇怪而來做育兒諮詢，結果發現生病的其實是自己，接著才開始診治自己的憂鬱症、焦慮症或自尊不穩定等問題，並接受藥物治療。就像這樣，如果媽媽（主要養育者）感到不安，即使孩子的行為沒有超出正常範圍，也會被她當成行為異常來看待。

媽媽的不安是正常的

母親感到不安，就會產生不適當的罪惡感，而給孩子帶來負面影響。不過這不能責怪媽媽，因為所有媽媽都會有不安感，只是程度的差異而已。懷胎十月生下孩子後，媽媽決心守護孩子的母愛變得更強烈，甚至害怕自己沒好好餵養會讓孩子餓死。所以每當媽媽看著孩子時，就會胡亂擔心自己能否好好養大他。特別是健康方面的焦慮感最嚴重，當了媽媽後才知道，原來正常飲食和排便是如此值得感謝的事。一旦孩子出現嘔吐或腹瀉，又莫名其妙哭鬧不休，就會開始懷疑孩子的健康是否出了問題。身為一名醫師，對這部分應該具備客觀認知的我，其實和大家沒什麼兩樣。

雖然就讀醫學系時學過小兒科的知識，實習階段也曾在急診室治療生病的孩子，不過身為主要養育者的我，跟一般媽媽沒有太大的區別。相反地，我因為對疾病有更多認識，所以只要孩子有點不舒服，我就會往最極端的惡劣疾病去思考。理智上知道孩子應該沒什麼大礙，但心裡卻不這麼想，兩者的認知簡直天差地別。從孩子出生後的養育過程裡，母親對孩子的健康感到不安是無可避免的。

一旦開始不安後，也會對其他事物感到焦慮，而這種狀況會一直持續下去。在懷孕和分娩時，擔心孩子的健康；等他稍大後，擔心他的情緒和行為出問題；上學後，則替他的學業和前途擔憂。接連不斷的不安，是每位媽媽人生中必經的過程。

不過，如果不安感過度擴張，幸福就很難在妳人生中占有一席之地。不安擁有兩張面孔，太多和太少都會造成問題。回想一下學生時代參加考試的回憶，就很容易理解這個道理了。如果缺乏不安感，即使明天要考試也能照樣玩樂，以輕鬆的心情早早進入夢鄉；相反地，害怕自己考不好的焦慮，會讓人戰勝睏意，不需要咖啡因或能量飲料的支持也能挑燈夜戰。

身為精神科醫師，聽過各式各樣的人談論他們的故事，我發現心理因素比生理因素更能影響人們的行為，其中最強烈的就是不安。適當的不安感可以觸發心理和身體上的能量，過度的不安感則會引起許多身心問題。

不要逃避不安，請試著去接受它

不安的媽媽會干涉孩子的一舉一動，但過度不安的媽媽反而會迴避孩子。因為與孩子相關的負面想法不斷地出現，會讓媽媽陷入極度的焦慮惶恐，為了讓自己能逃避這一切，乾脆不去思考任何有關孩子的事。罹患育兒憂鬱症而放任孩子不管的情況，也是出於相同原因。而迴避孩子的極端例子之一，就是殺害孩子。

如果事態嚴重到這個地步，其實媽媽根本不曉得自己是因為憂鬱和不安才產生狹隘的想法。所以，媽媽們請不要逃避自己的不安，正確認知反而是減少過度不安的方法。妳有必要用客觀的心態去確認自己對孩子做出的各種行為，究竟是出於適當不安感的合理做法，還是過度不安的激烈舉動，抑或是一種放任不管的態度。

請容許母親的情緒

母親的生活之所以艱難，不僅是體力耗盡的緣故，還有持續不安的心理壓力。為了盡到照顧孩子的責任，媽媽要付出相當大的心力，相對地負擔也很沉重，而這種心理壓力必然會對孩子的發展帶來影響。

越是這樣，妳越要去理性思考，對自己來說什麼才是最重要的。據說父母自身的心理限制會妨礙孩子的正常發展，或是讓他們在社會性和情緒上出現不良狀況。所以，妳越是期望孩子順利成長，就越需要去守護妳自己的心，原因就在這裡。

哈佛大學有史以來最受歡迎的「幸福學」課程中，教師塔爾．班夏哈（Tal Ben-Shahar）提出六項幸福要訣，第一個就是「接受身為人類的所有情緒」。如果去否認害怕、悲傷及不安等負面情緒，反而會導致挫折感和不快樂；反之，自然地接納這些情緒，就能輕易地克服它。

從這個角度來看，先前說「唯有母親幸福，孩子才會感到幸福」這句話，意思不是要媽媽強迫自己去感受幸福的情緒，而是希望媽媽能自然地接受所有情緒。乍聽之下有點矛盾，不過這是成為幸福媽媽的一條捷徑。在媽媽感受到的複雜情緒中，不安是最常見的，請不要逃避它，要把它當成一種自然情緒，好好地接受它。

與孩子分開就會感到焦慮

離不開孩子的媽媽們

和其他人相比，綺英第一胎的育兒經驗算是輕鬆的，所以她不太能理解那些因為育兒而陷入憂鬱症的媽媽。但就在生完第二胎後，她開始過著一頓飯也無法好好吃的忙碌生活，這讓她覺得一個人根本無法承擔育兒重任，可是又找不到任何替代方案。

此時，正好收到一家托兒所的入學通知。由於申請托兒所不容易，往往需要幾年的等待時間，於是她事先向好幾家托兒所提出申請，後來也忘了這回事。她記得當時的順位很後面，可能是生了第二胎的關係，登記資料被改成「扶養嬰幼兒兩名以上」，順位因此大幅提前。雖然她從電視節目和育兒書籍中得知，孩子三歲前由母親扶養比較好，但經過一番考慮後，綺英還是決定把老大送去托兒所。

她經常聽身邊已將孩子送去托兒所的媽媽說，一開始孩子要和媽媽分開會哭鬧不休，只要過一陣子就會慢慢適應了。不過她的孩子至今還是每天一邊喊媽媽一邊哭泣，把孩子交給托兒所時她也跟著淚流不止。過了一週又一週，情況仍然沒有好轉，她開始焦躁不安起來。最後送孩子上托兒所這件事，以適應不良而告終，於是她又回到同時照顧兩個孩子的育兒戰爭日常。為了忍受這種生活，綺英不斷自我洗腦，告訴自己與其因為跟孩子分開而心裡受苦，不如待在一起會更好，至少這樣只是身體疲憊而已。

究竟是為了孩子，還是為了自己？

韓國ＪＴＢＣ電視劇《天空之城》中，真實展現了以狂熱意志而非孩子本意，將孩子操控在手掌心的極端母親。尤其是這句「為了孩子的教育，我什麼都做得到」的臺詞，更是同時獲得廣大母親們的反感和共鳴。

這種極端母親的心理，通常與「抑鬱型自戀」有高度關聯性。這是指父母為了擺脫未能實現自我夢想所產生的憂鬱感，而致力將子女培養成理想中的模樣，並將自己的影子投射在孩子身上，藉此獲得滿足感。特別是那些曾獲得社會認可的職業女性，當她們為了專心育兒而放棄自己的社會成就時，透過孩子來實現夢想的欲望就會更加強烈。子女獲得成功，她們感受到的不只是單純的喜悅，還包括了滿足自我需求的心理。反之，如果孩子未能成為自己理想中的模樣，她們會因為無法透過孩子實現自己的夢想而感到巨大的不安。最終她們所做的一切不是為了孩子，只是為了自己的需求而已。

心理上離不開孩子的直升機媽媽

懷孕期間，母親和胎兒依靠臍帶將彼此連繫在一起。出生後臍帶剪斷，母親和孩子在生理上完全分離，但心理上仍然緊緊相連。從孩子的立場來看，直到出生後三個月左右，他們還認為母親和自己是一體的。往後心理上也未曾分離，到兩歲前都還會出現分離焦慮的現象。再過一陣子，孩子對「物體恆存」的概念逐漸成形後，即使看不到媽媽，也能在某種程度和媽媽有心理上的分離。此時就算暫時和媽媽分開，孩子也能在托兒所等地方安然度過一段時間。

然而，有些問題是出在母親無法接受心理上與孩子分開。有研究結果指出，若是母親感到分離焦慮，就會產生很大的罪惡感，這會使「親職效能」*降低，而這是左右育兒是否成功的最重要因素。特別是韓國媽媽，在養育孩子時很容易產生罪惡感，如果育兒憂鬱症的狀況嚴重，甚至會發生自殺或殺害嬰孩的案件。這是因為無法區分孩子與自己，將孩子當作自身的一部分，才會做出這種極端的選擇。過度焦慮的媽媽們總是干預孩子的一舉一動，甚至成為孩子人生的主體。這種在孩子周圍團團轉，像直升機一樣在孩子頭頂盤旋的媽媽，正是所謂的「直升機媽媽」。

分離焦慮症，容易養出過度依賴的孩子

直升機媽媽養大的子女，乍看也許給人一種模範生的感覺，這是因為大部分的事情都由母親決定，他們很少有機會發表自己的意見，也就減少矛盾發生的情況。與其說他們是模範生，更可能是不想承擔責任、遇到問題只想仰賴父母解決的依賴型孩子。專家長期以來都認為孩子的依賴性傾向，是因為父母從小習慣立即滿足孩子的需求，但最近有主張認為，是父母延遲滿足孩子的需求，或是沒能提供一致性的照顧所造成的。

如果從小到大，自己的意見總是遭到拒絕，或在強制性的教育下成長，就很容易用「依賴」來克服遭到拒絕時的恐懼感，並演變成一種行為模式。過度依賴父母的子女，無論先前的教養多成功，上大學後就不復存在。因為展開大學生活後，像選課這種必須由自己決定的事只會越來越多。

＊指父母對自己的親職角色勝任與否的判斷，或是在促進孩子正向行為與發展上，對自我能力與影響力的知覺和評估。

近來直升機媽媽的活動範圍日益擴張，大學教授們紛紛叫苦連天，抱怨家長的干涉越來越嚴重，打電話到學校抗議子女學分問題的狀況比以前更頻繁。不僅如此，就連職場上司也深有同感，有下屬臨時有事，竟是媽媽打電話到公司代為請假，有時還會打來抗議孩子加班次數過多。更誇張的是，有婆婆因為媳婦加班而打電話向她的上司抱怨，這當然不是出自婆婆對媳婦的關愛，而是媳婦一旦加班，她的寶貝兒子就會沒飯吃。

在這種母親羽翼下長大的孩子，不僅職場生活無法獨立，就連經濟大權也會交付到母親手上。即使成年了，卻會認為依賴母親是理所當然的事；同樣地，就算知道子女早已不是小孩，母親還是會一如既往地承擔起他們的經濟責任。就這樣，直升機媽媽造就了她的「寄生蟲子女」。

全神貫注在孩子身上，媽媽的人生變空虛

當然，直升機媽媽自己的人生也很辛苦。努力轉動螺旋槳養育孩子，最後卻養出寄生蟲子女，身為一名母親也是滿腹委屈。然而真正委屈的不

是孩子的人生，而是媽媽自己的，因為直升機媽媽根本沒有自己的人生。我看過很多直升機媽媽在有錢又有閒、被稱為「人生黃金期」的中年階段，仍然繼續照顧著成年子女。她們捨棄自己的人生，把照顧孩子當作唯一樂趣，過著這種日子超過二十年以上。沒有超強的意志力，是不可能做到這種地步，不過這種意志力不靠別的，正是來自不安感。

直升機媽媽把不安感當作動力，除了分離焦慮症使然，真正的原因是媽媽對自己的人生感到空虛。對孩子竭盡全力的媽媽，有天發現自己不再需要這麼做的時候，一方面看似解決了心理矛盾，一方面卻會產生中年主婦喪失自我認同感的心理現象，也就是所謂的「空巢症候群」。比起孩子，其實媽媽的分離焦慮症更嚴重，如果不解決，媽媽的人生就會像不停轉動的直升機螺旋槳，遲早會耗盡所有能量，最後只能用空虛來填滿。所以，請勇敢地切斷與孩子在心理上的臍帶吧！現在開始也不晚，與其說是為了孩子，不如說是為了妳自己的人生著想。只要稍微和孩子保持一點距離，避免過多干涉，妳會發現人生中還有很多美好值得自己去享受。

有些問題是出在母親無法接受心理上與孩子分開，
研究結果指出，若是母親感到分離焦慮，
就會產生很大的罪惡感，
會使「親職效能」降低，
而這是左右育兒是否成功的最重要因素。

每天都過得心急如焚

總是想著下一步而著急

辛仁媽媽每天都過著行程緊湊的日子。當她把衣服放進洗衣機，準備按下開關時，孩子竟然光著腳悄悄跟在身後走進陽臺，還吵著說不要離開。無可奈何下，她只好抱著孩子走向廚房，卻又看見水槽裡堆積如山的碗盤。她一邊嘆氣一邊洗，同時還要留神觀察孩子，以免他做出危險舉動。儘管內心想快點把碗洗好，但瞥見孩子伸手要拿放在客廳桌上的相框時，她也只能衝過去制止，這一刻她感到快要窒息了。急忙脫下的溼答答橡膠手套，因為磨擦怎樣也戴不上去，令她煩躁不已。好不容易戴上了，孩子又說口渴，抱著她的大腿吵著要喝水。

再次回去洗碗時，抬頭一看時間已經下午五點了。頂著必須準備晚餐的壓力，她的內心變得更加不安。今晚要煮什麼、丈夫的晚餐和小菜、老大的兒童食品、老二的嬰兒副食品，還有怎麼做也做不完的家事，一想到這種生活不知要過到何年何月，一股憂鬱感湧上她的心頭。

此時老大吵著要吃餐桌上的餅乾，終於讓她忍不住大聲吼叫。她真的很討厭這種像被什麼東西追趕的感覺，試著回想過去，似乎生完孩子後，她就不曾享受過能夠放慢腳步的悠閒時光。無論是刷牙、洗澡、餵孩子吃飯或幫孩子洗澡，她總是在想著下一步要做什麼，用這種模式度過每一天。

內心急躁的理由

難道成為媽媽後，就會自動練就同時完成各種事情的能力嗎？從解剖學來看，男性和女性在多工處理的結構上確實大不相同，例如連接右腦和左腦的胼胝體*，女性比男性更厚大，連接狀態也比男性多百分之三十。然而，不是因為這種協助左右腦溝通協調的構造比較發達，就代表女性比男性更善於一心多用。撇開事情處理得好壞不談，唯一可以肯定的是，母親的生活總是像被追趕似地疲於奔命。

根據一項研究結果顯示，養育孩子的父母中，有百分之四十二的男性和百分之六十七的女性會同時進行各種工作。另外也有研究指出，跟爸爸相比，媽媽平均每週多做十小時的工作，而這些時間大部分都用於打理家務和照顧孩子。

如果一心多用地處理工作，還能保持心情愉快那也沒什麼問題，遺憾的是，媽媽們通常感到心急如焚。研究結果顯示，與未養育孩子的女性相比，養育孩子的母親被追趕的焦急感多了二．二倍。從某個角度來看，與其說她們擁有一心多用的能力，我猜更可能是因為狀況所需，以及身為母親這個身分的緣故，逼得她們不得不同時去完成這些工作。

＊胼胝體是胎盤哺乳動物大腦的一個重要白質帶，也是人類最大的白質帶，主要功能是聯絡兩邊大腦半球的活動與訊息傳遞。

要求一心多用的育兒工作

與其他家庭一樣，我們家孩子還小的時候，每天早晨家裡都像戰場。我們夫妻倆早上一同照顧孩子，最少需要花費一個半小時，而這還是適應後的時間。一開始每天要花費兩小時以上，當時甚至讓我質疑這種日子能否過下去。上班時間是固定的，孩子卻總是會出現變數，讓我每天都很擔心能否準時上班。遇到時間不充裕的早晨，孩子肯定會在這天唱反調，例如吵著不吃飯這類的狀況。咬緊牙關好不容易勸誘他們吃完飯，時間也不知不覺過去了，此時就被一股隨時會一觸即發的緊張感籠罩。

此外，孩子們的心情也是無法預測的，有時他們會擺一張臭臉，有時則穿衣或穿鞋都跟我意見相左，像是堅持自己的穿衣風格，幫他換了無數套衣服後卻無法讓他滿意。即便如此，該遵守的時間還是得遵守，無可奈何下，只好冷酷地拒絕他們的要求。可是當老大痛哭失聲時，老二也會跟著一起放聲大哭，我抱著兩個孩子上車後，在準備出發前，緊張感達到最高點，而這些情緒最終會轉化成憤怒。我只希望開車時他們別再提出任何要求，所以當老大不停問我各種問題時，我已經失去所有耐心，只能敷衍應付他。

但在工作空檔，回想起早上的事就會產生愧疚感。如果我能再早一點起床，那麼不管老大想穿什麼，我都可以盡量幫他換穿，這樣孩子就不會無理取鬧了。可是到了第二天早上仍然是一場戰爭，昨天的戲碼會原封不動地上演，同樣的情緒也會再度出現。

難以捉摸的事讓媽媽變得焦急

人類一旦面臨突發狀況，就會讓交感神經變得興奮。危急狀態下，交感神經會發揮功能，讓身體器官處於備戰狀態以便應付緊急情況。就原始時代來說，人們遇到兇猛野獸時，就會喚醒交感神經系統，此時心跳開始加快，肌肉張力也會擴張。此外，它還會抑制消化系統等暫時不必要的功能，讓身心都處在焦慮緊繃的狀態。

媽媽最基本的職責是保護孩子的安全，因此不得不頻繁地刺激交感神經。孩子這種存在，只要暫時鬆懈，一不小心就會讓他處於險境，況且他們也時常讓自己暴露在危險中。本來，交感神經只在危急情況才會受到刺激，但身為一名母親，即使不是危急時刻，也隨時讓交感神經受到刺激。

只在必要時才會使用的交感神經，如果隨時刺激它，會連同自律神經都處於失衡狀態。一旦自律神經失調，將導致血壓和脈搏等無法適當調節，而讓身心處於緊張狀態，甚至引發頭痛和疲勞等症狀，對健康造成不良影響。

別讓自己常常陷入緊張狀態

沒人會把焦慮和緊張當作是一種享受。一般人通常是在緊張和放鬆的交替之間過日子，如果可以，能夠遠離緊張狀態是最好的，但媽媽的生活沒辦法這樣。雖然適當的緊張感可以提高工作效率，不過這得在適當的壓力下分泌出適量的皮質醇荷爾蒙，才會產生「剛好」的緊張感。不多不少的緊張和壓力是最好的狀態，遺憾的是，母親的人生中不存在這種可能，說媽媽隨時隨地都處於過度緊張的狀態也不為過。

把孩子哄睡後，終於迎來可以暫時放下緊張的機會，卻因為苦惱這麼寶貴的時間該怎麼好好利用，想著想著又變得焦慮起來。過度緊張的狀態持續太久，會促使大量的皮質醇分泌，導致血清素功能失常等問題，引發各式各樣的精神疾病。媽媽們最常見的情緒是憂鬱和不安，在這種狀態下，先前感受到的緊張就會變本加厲，也就是緊張製造了新的緊張。令人心疼的是，對媽媽而言，這其實是家常便飯。

眾人會告訴媽媽「別緊張，心情要放鬆」，但這是說得容易，做起來卻很難的一件事。由於與孩子有關的一切都是不可預測的，媽媽的人生並無法鬆懈。她們總是會去預測那些無法預測的事，並希望凡事能如預期般進行，也許這種心態才是癥結所在。不如就把無法預測這件事，當作一種遊戲來享受吧！孩子帶來的每一天都有不同的新鮮感，偶爾就用這種角度觀察孩子。試著用微笑面對一切，轉換一下思維，好好享受無法預測帶來的每個驚喜。

此外，盡量減少不必要的交感神經刺激，否則容易導致自律神經失調。把不危急的情況認定成危險狀態，會讓交感神經變得過度興奮，假如正好有個催化劑出現，還會立刻轉化成憤怒情緒。

媽媽自身的負面情緒，會原封不動地傳達給孩子。與其每天早上在緊湊時間內照顧孩子，導致交感神經興奮，不如再累也要早個半小時起床，讓自己有更充足的時間做準備。育兒是一場馬拉松，持久力才是完成比賽的關鍵。

心急時，就替自己創造休息時間

心理治療法當中，有一種幫助放鬆的療法叫做「行為治療法」。由於身心相連，當身體緊張時心情也會變得不安，因此如果能紓解身體的緊張，心情也會跟著放鬆，行為治療法就是根基於這個原理。我也曾經歷全職的育兒生活，感受過在接連不斷的緊張感之下，那種彷彿一直被追趕的心情。老實說，我的情況算是相當嚴重，因此我能理解，要媽媽做到自我控制情緒是一件十分困難的事。

不過，即使很難保有心靈的餘裕，我們卻可以讓身體有規律地休息。休息時，記得把手機關掉，並將待辦清單放到一旁，專心地好好休息。讓身體的所有肌肉保持在放鬆狀態，集中精神慢慢深呼吸。想解決被追趕的心情，首要之務不是致力於保持平和的心態，而是要盡最大努力讓身體維持在舒適的狀態。對媽媽來說，同時追求放鬆的心情和自在的身體，絕非一件奢侈的事。正因為身為一名母親，妳才更應該放慢腳步，讓自己獲得充分的休息。

最重要的是，如果緊張和急躁的情緒反覆出現，就很容易錯過孩子美好的瞬間。面對孩子天馬行空的問題時，不但無法明智地回答，有時甚至會出現情緒性的失言狀況。為了孩子也為了自己，即使只有短短幾分鐘也好，請為自己打造一段放空時間，讓身體得到充足的休息。

因為想完美地撫養孩子而過度執著

在意他人眼光而追求完美育兒

景熙是一位剛生完孩子三個月的新手媽媽，因為擔心孩子而上門求診。奇怪的是，她本人並不想接受諮詢，而是在丈夫的要求下一起來看診。我分別聽他們的談話，先生說妻子對孩子的一舉一動過於敏感，總是一副緊張兮兮的樣子；妻子則抱怨丈夫平時很少照顧孩子，而且因為性格安逸，孩子的健康出現異常訊號他也不以為意。在夫妻同時就診的情況下，我通常會請丈夫先到休息室等候，再讓太太進診間述說她的人生故事。

景熙為了不辜負母親期望，一直勤勉踏實地做好自己的本分。由於性格謹慎小心，在工作上總是力求完美，交辦給她的事都能確實完成，因此公司對她的評價很好。她對這樣的自己感到自豪，不過卻找了一位性格與自己截然不同的男人結婚。婚後因為個性問題經常發生衝突，丈夫缺乏計畫又容易衝動的部分，尤其讓她心生不滿。孩子出生後，這個問題變得越來越嚴重。

完美主義用在育兒上是行不通的

某次，歌手朴軫永*出演韓國電視臺SBS的訪談節目「Healing Camp」，在節目裡向大家展現何謂徹底的自我管理生活，他的完美主義風格在當時蔚為話題。他每天早上起床後，會吃七種維生素和營養品，早餐時間固定十五分鐘，每天都吃相同食物，接著再做三十分鐘的晨間運動。一絲不苟的執行態度令觀眾讚嘆不已。

制定同樣的生活模式並按部就班去實踐，已是一件相當了不起的事，朴軫永甚至是十七年來如一日地遵守自己的規則，每天過著相同生活，對此他本人也感到自豪。觀眾都說正是如此徹底的自我管理，才造就韓國數一數二的娛樂公司JYP創辦人。秉持完美主義通往成功之道的例子還很多，但身為一名母親，成功與否似乎是另外一個問題。

---

*韓國的唱跳歌手、音樂製作人，以及大型演藝經紀公司JYP的創辦人暨創意總監。

如新生兒般脆弱的新手媽媽

做媽媽的可能會忘記自己的生日，卻永遠不會忘記孩子的生日。雖然爸爸經常忘掉，但孩子出生那天，同時感受到分娩痛苦和生之喜悅的媽媽，怎麼可能忘掉這個日子呢？

若要仔細追究，那天不僅是孩子生日，也是自己以母親身分誕生的日子。當孩子滿週歲，就表示當媽媽的資歷滿一年了。隨著孩子年齡增長，媽媽的年資也跟著增加。剛出生的孩子沒有父母幫助就什麼也做不了，是一種非常脆弱的存在；同樣地，剛轉換為母親身分的媽媽，一定也有許多不足之處，其脆弱程度不亞於剛出生的寶寶。但是很多媽媽不承認這點，她們不認為自己是有如新生兒般脆弱的新手媽媽，反而認定自己在孩子出生那一刻起，就得扮演一名完美的媽媽。

當媽媽後，變成一名完美主義者

母親的性格，既有與生俱來的氣質，也有後天生活中培養出來的部分，特別是原本就有完美主義的人，成為媽媽後通常會讓自己活得很辛苦。而那些平時就粗線條且個性爽朗的女性，也會在成為母親後，因為期許自己成為一名好媽媽，加上養育孩子的熱情和母親特有的不安感，也會出現完美主義者的傾向。

「完美主義傾向」和「擅長處理事情」，從某個層面來看是兩碼事。具有完美主義傾向的人，平時喜歡詳細規劃每件事，並按照計畫逐一落實，把達成目標視為一種樂趣。

由於這是他們生活至今的模式，所以當計畫如期執行時，他們會對自己的完美主義感到自豪。但這種完美模式如果套在媽媽身上，卻有一項未知的陷阱等著她們，那就是在育兒的世界裡，無論多努力，這項工作絕對無法照自己的計畫來進行。

越是追求完美，育兒工作越是漏洞百出

演員娜塔莉・波曼（Natalie Portman）傾力演出的電影《黑天鵝》中，就展現了完美主義的兩個面向。該片講述一名首席芭蕾舞者，需要完美扮演性格截然相反的白天鵝與黑天鵝，在電影最後的場景裡，如實暴露出完美主義的陷阱。當主角結束精彩的演出後，用手按著血流不止的腹部說了一句：「我是完美的。」她呈現出完美的表演，卻也完全毀滅了自己，這部電影赤裸裸地展現對完美主義的諷刺。

當然，完美主義有其優點，只要目標和執行達成一致，就能得到良好結果。但如果目標本身變化無常，且無法按照計畫執行時，完美主義的傾向就會變成一種毒藥。

越是夢想成為理想中的模樣，現實與夢想的距離就可能越來越遠。育兒方面，如果過度堅持完美主義，最後往往會徹底放棄，即使心裡不願意，每天依然面臨計畫失敗的打擊，由此產生的挫敗感會讓媽媽的心逐漸

萎縮。此般心情會直接影響媽媽養育孩子的行為，導致孩子長大成人後，也容易變成具有完美主義傾向的人。

育兒是一場馬拉松比賽

俗話說：「生完孩子，熬過頭三年就好了。」不過，撫養孩子可不是三年就能解決的事，它是一場長達二十年以上的持久戰和馬拉松。與其一開始就全力奔跑，更需要長遠的眼光和調整自身的步調。奇怪的是，人們成為母親後，不知怎麼地思路會變得越來越狹隘。其實，不論是孩子的人生還是媽媽的人生，都應該抱持長遠的眼光來考慮才對。也許是第一次育兒的緣故，才會把追求完美主義當成逃避不安的避風港。

任何情緒，對人類來說都應該是自然且合理的感受，壓抑是無法解決問題的。如果不去了解自己的情緒，反而採用逃避的方法，就會變成一種習慣性的行為模式。長久下來，漸漸地會無法感受到自己的情緒。因此，具有完美主義傾向的媽媽，就算再怎麼辛苦，也要學著有意識地放下心中想要完美育兒的念頭。

比起追求完美，更要明白自己的不足之處

「無知便是福」與「知識就是力量」，哪句話才正確呢？當然，根據不同的情況答案也會不一樣，但可以肯定的是，如果為了自身的心理成長，那麼唯有「認識自己」才是最佳途徑。身為一名母親，妳完全沒必要去責怪那份想要變得完美的心情，因為換上母親這個身分，自然就會產生這種想法。

只不過，世上並沒有完美的人。就連精神分析學先驅佛洛伊德所說的正常人標準，也是帶點歇斯底里、偏執及強迫傾向的人。所以，與其追求完美，不如去了解自身的不足和弱點會更好。實際上，完美主義的背後，通常有著想隱藏自身缺陷的無意識動機。

分析心理學開創人卡爾．榮格（Carl G. Jung）在其人格整體論之中，特別強調個體化的過程。他將人格中否定自我的部分稱為「陰影」，而人

人心中都有這個陰影。他曾說過：「最可怕的事就是全然地接受自我。」他認為個體化的過程中，最重要的是將心中對立的事物整合起來，不是去消除陰影或被陰影全面籠罩，而是要盡量與自身的陰影達成和解才對。

正視自己的陰影並不是一件簡單的事，但只要鼓起勇氣，歷經這個過程後，內心就會變得平靜，從中更能得到減緩完美主義的經驗。如果妳是一名匱乏且脆弱的母親，那麼更要積極面對內心的陰影，別害怕去認識自己，也別害怕去理解自身的不足。

無法滿足孩子的要求時總會憂慮不已

苦惱著是否順從孩子的意願

今天早晨也一如既往，智恩哭鬧吵著不去托兒所，在媽媽百般哄勸下才好不容易上學去。對家有幼兒的媽媽來說，每天上演這種戲碼是家常便飯，但當孩子生病時，媽媽心裡還是會展開拉鋸戰，智恩媽媽也是如此。如果每次生病就讓孩子請假，似乎會變成一種過度保護；但生病了還把孩子送去托兒所，又好像是放任不管的行為。由於智恩媽媽是一名職場女性，她只能選擇後者，但即便是全職媽媽，也會因為必須照顧更小的孩子或做家務事等等而採取相同做法。她們只好內心承受著罪惡感，做出這種看似縱容自己的選擇。

可是智恩媽媽看到孩子的表情像在對她說：「媽媽好壞！我對媽媽太失望了！」她的心情感到相當複雜。雖然安慰自己，把孩子當溫室花朵來呵護，不見得就是對孩子好，但心裡依舊過意不去。一定要對孩子極盡寵愛，才表示自己有好好養育孩子嗎？還是採取旁觀者的態度，才是更好的教育方式呢？她每天都陷在這樣的煩惱中。

在過度保護和放任不管之間搖擺不定

動畫電影《海底總動員》當中，魚爸爸馬林為了尋找兒子尼莫，展開了一段冒險旅程。路上遇到的同伴多莉，為想要完美保護孩子的媽媽們留下了一句名言。劇中，馬林為了拯救被綁架的尼莫而受困於鯨魚嘴裡，他絕望地說：

「我答應過絕對不會讓他出事的，會好好保護他的……」

聽了這話的多莉回道：

「真是什麼奇怪的傢伙都有呢！你不可能不讓他出事的，因為那就等於不讓他做任何事，這樣他的生活不就一點樂趣都沒有了嗎？」

不管是過度保護還是放任不管，過於極端的做法對孩子來說都不是一件好事。如果媽媽對孩子有過度保護的傾向，通常表示她不信任孩子的能力。這會讓孩子在成長過程中無法培養探索世界及自行克服障礙的能力，從而產生強烈的自卑感。此外，也會造成他們自律性不足、過度依賴或個性消極，甚至可能會出現舞臺恐懼、精神官能症及分離焦慮症等心理疾病。孩子恐懼社交，就難以跟朋友建立良好的互動關係，出社會也比較無法適應公司生活。如果家長過度保護的程度過於強烈，還可能採取控制性的養育方式，容易引起孩子欲求不滿等心理矛盾，造成情緒性障礙。最終導致孩子出現攻擊與反抗行為，適應學校生活會遇到很大的困難。

相反地，採取放任式教育的媽媽則對孩子的發展漠不關心，很少參與孩子的活動，既沒有稱讚也不會訓斥，因此無法滿足孩子的情感需求。在放任式或逃避式教育下成長的孩子，有時也會出現攻擊性、敵對性、退化性及被動性的行為。這種孩子由於社會性低，不但與同齡孩子的互動不足，也容易有不良行為和憂鬱傾向。

不輕易失敗的心態，育兒之路更艱辛

即便孩子的要求是合理的，家長也會礙於經濟或時間等現實問題，無法滿足孩子的所有需求。雖然明白這個道理，但媽媽總是擔心這會讓孩子感到失望，覺得對不起他們。媽媽還會認為是自己處境不好，才無法實現孩子的要求，而對自己感到氣憤。原先心中描繪的理想母親應該充滿美好情感，沒想到現在卻是憤怒的情緒，對此又加深了自身的罪惡感。如此惡性循環，讓媽媽捲入複雜的情緒漩渦難以自拔。事實上，造成複雜情緒的最大原因不是未能滿足孩子的需求，而是在育兒過程中，媽媽無法容忍自己的失敗，這是母親自身的欲望，也可說是一種自我滿足。

孩子在成長過程中，不可避免地一定會嚐到失望的滋味，第一次通常發生在剛學會走路的兩歲左右。孩子練習走路會歷經無數次的跌倒，然後他會意識到這世界存在著很多無法獨自完成的事，並從中感受到憤怒及煩躁等情緒。藉由體驗失望和挫折，他們學到調節和療癒心情的方法，也就是所謂的「復原力」。

其實，讓孩子體驗一下失望的感覺也沒關係。這時媽媽不應該被挫敗感束縛，說出「我不該讓孩子感到失望」這種話，只要從旁協助孩子，教他如何應付失望的情緒，等他慢慢平復心情即可。媽媽只要耐心地恢復與孩子的關係，並且為了維持關係而努力，就是最好的做法。當孩子因為情緒問題而難受時，如果是能解決的問題，當然可以協助他；如果不是，媽媽可以陪在孩子身邊安慰他，一起聊聊他的負面情緒，這就是媽媽應該做的工作。

比起媽媽的行為，孩子更重視媽媽的心意

也許妳的做法會讓孩子失望，或與孩子的關係出現裂痕，這些都沒關係。如果平時媽媽對孩子的需求很敏銳，那麼孩子初始可能會感到有點混亂，不過最終他們能夠理解媽媽沒回應自己需求的原因是什麼。

在戀人關係或夫妻關係中，有些人確實反應比較敏感，無法容忍任何矛盾，稍有摩擦就會造成關係破裂。這種情況，通常是他們從未好好經歷關係破滅與修復的過程。從另一個角度說，就是缺乏穩定感情經驗的人。

實際上，孩子對媽媽有無聽取自己的要求這件事，不如我們想像中那

麼事關重大。孩子更喜歡媽媽與自己的情緒產生共鳴，感受到媽媽的同理，他們會覺得很感動。孩子最喜歡與媽媽分享彼此的快樂和喜悅，從這層意義來看，媽媽其實不需要想盡辦法滿足孩子的需求，大可暫時放下心理負擔。

行為可以控制，情緒卻無法

究竟要尊重還是控制孩子的自主性，這是媽媽們永遠的煩惱。據說，在孩子越小的時候給他越多自由，對他的自主性、情緒發展，甚至是判斷、推理及代表克制力的管控功能等，都會帶來正向影響。不過，如果孩子在與其他孩子拉扯時，家長通常就認為需要立刻加以管控才行。

明智的媽媽，只會控制孩子的行為，不會試圖控制他的想法或感受，她們反而會努力去理解背後的動機。即使限制孩子的行為也沒關係，只要以接納和認同的心態，對孩子的想法、情緒、期盼、想像及意圖表現出關心即可。

就孩子的立場來說，能感覺到自己的心被母親接納是一件更重要的事，換句話說，他們要的是能夠得到母親的理解。不過很多情況是媽媽認為自己掌握一切，但孩子卻覺得媽媽並未理解自己的感受。令人遺憾的是，這樣就不是真正的同感。如果媽媽有同感，應該再次回饋給孩子，讓他明白自己的感受，這才是真正的同感。而且不單只是給予同感，還要確認孩子是否能感受到母親的同感，這樣的做法才是更理想的。

媽媽其實是對自己感到失望嗎？

沒必要害怕因為各種原因讓孩子失望，因為在孩子成長的過程中，經歷失望本是理所當然的事，他們必須學會戰勝這種情緒。媽媽只須給予一塊充滿愛的土壤，並用同感當作肥料勤加灌溉，就算完成應盡的職責了。

真正需要害怕的不是孩子對妳說出「我對媽媽失望透了」，而是媽媽對自己說出「我對自己失望透了」，因為孩子感受失望的時間短暫，但媽媽對自身的失望卻會持續很久。如果媽媽認為自己是讓孩子失望的壞媽媽，因而對自己感到失望的話，那麼在這種情緒的束縛下，會更加無法帶給孩子安慰和同感。

媽媽不能接受對自己失望的心情，也就無法接受孩子失望的心情。因此，媽媽有必要檢視一下是否陷入自我失望的想法中，不是去找出孩子的失望，而是要努力去發掘自己的失望，這才是解決之道。如果發現了，就好好地撫慰它吧。

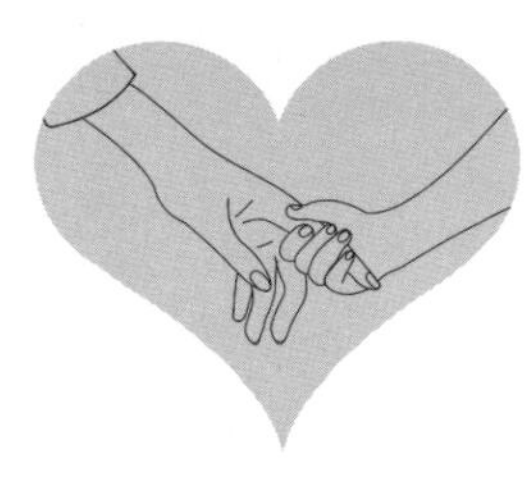

孩子更喜歡媽媽與自己的情緒產生共鳴，
感受到媽媽的同理，他們會覺得很感動。
孩子最喜歡與媽媽分享彼此的快樂和喜悅，
從這層意義來看，
媽媽其實不需要想盡辦法滿足孩子的需求，
大可暫時放下心理負擔。

害怕自己沒能力把孩子養好

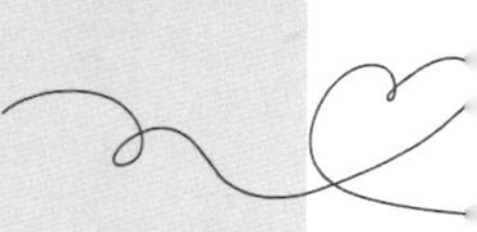

每當事情不順就產生負面想法

有位母親上門求診，問我說：「照顧孩子怎麼會這麼困難？」經過幾次諮商後，我發現她在撫養孩子的過程一旦遇到困難，就會自動浮現「我絕對無法好好養育孩子」的想法，成了她的固定模式。此時她不僅會感到悲傷和憂鬱，還會出現胸悶的生理反應，對所有事都失去興趣。連同對待孩子的態度也變得消極，甚至會對他發脾氣。雖然她認知到自己的問題而向外求助，不過她總是深陷負面情緒，認為這一切都是無可奈何的事，因此要讓她擺脫這種想法並非易事。

她之所以在育兒上遇到困難就產生自己帶不好孩子的念頭，是因為她的想法背後，隱藏著「如果不能完美地照顧孩子，我就是個不及格的媽媽」這種意念。而這個意念的深處，源自於她根深柢固地堅信「自己是一個沒能力的人」。

想法會影響情緒

其實，她從小就生活在比較的環境中，有個各方面都比自己優秀的哥哥。對她而言，哥哥是一道無法逾越的高牆，做什麼都贏不了，讓她開始產生自卑感，認為自己很無能。媽媽也經常拿兩人做比較來訓斥她，這強化了她的想法。媽媽的一句話帶給孩子很大的影響，因為孩子總是相信媽媽是正確的。

在學校裡，她也因為不斷與同學做比較，而貶低了自己積極的那一面。雖然順利考取理想中的校系，她卻認為自己只是運氣好。這種思考模式讓她對自己的負面思維變得更加堅信不移。

因此，面臨養育孩子的問題時，她會不自覺地出現「因為我是媽媽，所以我要做好每件事」、「我必須全力以赴」、「沒發揮自身能力照顧好孩子，我太沒用了」等想法。而這種想法不僅停留在腦海，還會影響到自身情緒，導致對待孩子的行為也跟著出狀況。

媽媽們經常產生的認知扭曲

如同上述案例，對某個狀況在主觀上出現錯誤或負面思考，就是所謂的「認知扭曲」。下列是常在媽媽身上看到的「認知扭曲」類型。

1 過度類化

看到一、兩個例子後，就做出全盤否定的結論。

例：看到孩子在社區中心垂頭喪氣，就認為他是膽小怯懦的孩子。

2 二分法思考

不是這個就是那個，所有事情都要二選一。

例：如果不能完美地撫養孩子，我就是個失敗的母親。

3 擅自貼標籤

未經思考就將固有偏見合理化。

例：職場媽媽都是女超人。

4 選擇性過濾

只看到自己想看的東西。

例：周圍的人都比我更會撫養孩子，經濟條件也比我優越；別人的丈夫不但時間多，還願意幫忙家務。

5 災難化

對未來不採取現實性的考量，而是一味地往壞方向思考。

例：因為孩子性格過於懦弱，才無法像別人這麼快就適應托兒所。

6 讀心術

排除各種現實的可能性，妄自推斷他人的想法。

例：那個人一定認為我帶孩子的方法是錯誤的。

7 過度自我貶低

關於自身的一切，不顧客觀事實為何，總是過度否定自己。

例：我是這世上最差勁的媽媽。

8 凡事皆與自我連結

即使跟自己沒直接相關的事，也會怪罪到自己身上。

例：孩子長不高，是因為我沒讓他擁有充足的睡眠。

9 誇大和貶低

評價自己的時候，將自己的缺點或失敗放大，同時低估自己的長處。

例：人們說我是一個平凡的媽媽，就證明我並不適合當媽媽。

客觀看待情況的方法

下面介紹一些矯正認知扭曲的行為治療法，可以幫助媽媽進行合理的思考，改善情緒和行為上的異常。如果妳願意試看看，相信一定有所助益。

1 找出真正的想法

必須練習將每個瞬間閃過的念頭，找出它真正的涵義。一旦展開這個練習，妳會發現要將平時腦中掠過的想法語言化，並不如想像中簡單。

舉例來說，如果閃過「照顧孩子時，我無法控制自己的情緒」這個念頭，那麼妳真實的想法是「我無法好好地照顧孩子」；如果是「我能把孩子照顧得好嗎？」妳真正的想法是「我一定無法好好照顧孩子」；「萬一我對孩子發脾氣怎麼辦？」妳的想法其實是「如果我對孩子發脾氣，孩子肯定會因此而受傷」；「身為媽媽的我無法有所成長，該如何是好？」這個念頭的真實想法是「身為媽媽的我無法有所成長，那麼我和孩子將永遠不幸」。用這種方式練習抓住腦中閃過的念頭吧！妳會發現那些不客觀且不合理的想法，竟然如此頻繁地出現在生活中。

2 退一步海闊天空

過度熱衷思考孩子的事，反而會導致思維僵化，無法做出客觀的判斷。沉迷在問題中，會看不到問題所在，唯有從內心製造的問題掙脫出來，拉開一段距離，才能用客觀的角度看待它。

3 反駁那些負面想法

如果無法克制無止境的負面想法，不如反其道而行，積極去思考完全相反的想法。創立認知治療的亞倫・T・貝克（Aaron T. Beck）發現一件事實，那就是「積極對負面思維提出異議，有助於提升幸福的感受」。

4 分散與重新集中注意力

每一刻都能客觀看待自己和孩子是最理想的，但對一個母親來說，這是一件非常困難的事，此時可以採取「分散注意力再重新聚焦」的方式。舉例來說，想對孩子發脾氣的時候，哪怕只有片刻也好，請先回到房間裡獨自待著，戴上耳機聽首歌，就能改善情況。

5 跟最壞的時候做比較

「比較」這件事，一般都認為是弊大於利。就算不是跟別人比，只是跟自己比，也不見得是件好事，因為大部分的人都會拿現況跟自己狀態最好的時候相比。我建議倒過來，試著跟狀態最差的時候比較吧。只要自認現在過得比當時好，自信也會隨之增加的。

6 寫下自己做得還不錯的事

試著每天將積極的一面或稱讚自己的話寫下來吧。執行起來不容易，妳可以把它視為每日必做的例行公事，有時勉強自己去完成某件事，也是相當了不起的。媽媽們非常善於指責自己與發現缺點，如果每次都抱持著

「我本來可以做得更好，卻對孩子做出最差勁的行為」這種想法，只會讓自己的心情變得更糟糕。所以，我建議大家寫下自己做得還不錯的事，例如：雖然昨晚因為孩子的事沒睡好，我今天卻能按時幫孩子準備三餐；我在廁所讀了五頁的育兒書籍；我努力與孩子產生互動；為了買到更划算的育兒用品，我勤勞地在購物網站比價等等。

7 「裝模作樣」的行動

這個意思是，即使自己沒有百分之百的信心，也要裝作自信十足的樣子。就算沒有當個好媽媽的自信，也要假裝自己就是一名好媽媽，這種做法也是行為療法的一種。信念可以改變行為，相反地，行為也可以改變信念。在缺乏信念的情況下，採取有目標的行動可以改變信念，而且成效遠比想像中來得好。一旦開始採取行動，對自身的負面思維就會減弱，如此一來，就更容易採取下一個行動，進而引發積極的加乘作用。

2 提高親職效能的不二法門

親職效能：育兒的自信感

提倡社會學習理論的心理學家亞伯特．班度拉（Albert Bandura）認為，行為治療應致力於提升自我效能。為了取得期望的成果，人們對自己順利完成某項特定任務所需的能力認知或信念，即稱為「自我效能」。高自我效能有助於提升成功的機會，營造出積極的自我形象；相反地，低自我效能則會持續把焦點放在自身缺點，認為自己要完成的任務遠比實際情況更困難，因此最後往往無法達成目標。如果把自我效能放到育兒層面，父母對自身養育能力的信念，就可稱為「親職效能」。指的是父母在養育子女時，遇上各種情況是否有信心能順利處理，簡而言之，就是對育兒的自信感。

親職效能對育兒的影響

高親職效能的父母，承受育兒壓力時比較能理性應對，並維持良好的親子關係。也就是說，對孩子的行為表現有更大的包容力，比較不會採用體罰方式來管教，對親子互動也會產生積極影響。這樣的父母內心較為從容有餘，思考方式也比較正向，面對養育過程中發生的問題，能游刃有餘地處理，對孩子的要求會積極給予回應。

相反地，低親職效能的父母由於內心不安定，對處於矛盾狀況的孩子比較不會給予包容心，經常採取控制的方式。此外，也很容易演變成專制型的教養模式，一旦孩子達不到要求，就會斥責甚至懲罰。簡單來說，如果對育兒有自信，就可以更從容地面對孩子的問題，否則就會因為內心的不安而優先選擇高壓手段。

想提高親職效能就要好好學習

既然親職效能對兒童認知發展會產生如此深遠的影響，那麼該怎麼做才能提高父母的親職效能呢？一言以蔽之，就是「學習」這件事。每次看到因為理論與實際不同而怠於學習育兒知識，或是一頁育兒書都讀不下去的媽媽們，我就感到非常遺憾，即使我知道這是育兒的真實面。幸好，養育知識不僅止於理論，還包括實際經驗。育兒的世界裡，唯有親身經歷與碰撞後，才能縮小理論和實際的差異。將育兒理論應用在生活中，日子久了有助於縮小兩者間的差距。很多研究成果提到，大部分的養育知識都是在育兒過程中學到的。

懂得越多，處理育兒問題就越容易

舉個例子，孩子滿週歲後變成賴皮鬼的現象，讓許多父母驚慌失措。因為孩子的活動範圍變廣而感到吃力，再加上原先性格溫馴的孩子開始耍賴不聽話，讓育兒工作雪上加霜。不過，天底下沒有不耍賴的孩子，如果有父母自信滿滿地說「我家孩子從不耍賴」，那我反而建議要帶孩子去做心理諮商。因為耍賴是孩子在自我概念形成中必定會出現的自然現象，是正常發展的一環。

父母如果事先理解這是正常的，就有助於提升親職效能。因為無論孩子怎麼耍賴，都是發展過程中可以預料的事，心情就不會緊繃，起衝突時也能不慌不忙地應對。而在孩子抱怨無聊或想獨立的時候，父母也能理解並認同孩子的挫折感和憤怒。孩子的賴皮行為是極為正常的，過了這段時期情況自然會好轉。如果父母對此抱持堅定信念，那麼不管發生什麼事，都會試著先去理解孩子的心，讓孩子能在充滿同理心的環境下長大。更何況過了三歲後，孩子的大腦會越來越發達，可以慢慢調整自己的情緒。隨著他們對這個世界的認知增加，無理取鬧的行為也會逐漸減少。

媽媽就是自家孩子的專家

那麼，該如何透過學習來獲取育兒知識呢？雖然現在是任何人都能輕易獲得育兒資訊的便利時代，但同時也是容易取得錯誤資訊的危險時代。唯一的解決方案，是媽媽自己成為育兒專家，這與個人主修或職業無關，一切都要從育兒過程中學習。即使閱讀同一本書或同一篇報導，獲取資訊的過程中，也會因為是專家或一般人的差異，接收到的資訊會不盡相同。就算讀懂這本書的觀點，或許別本書裡又變成貌似完全相反的說法，此時如果是專家就能更精準地判讀文意。所以，不是單純撫養幾個孩子就能成為專家，更重要的是能否獲得正確資訊。

近來社群網站上的育兒訊息氾濫成災，想知道資訊是否正確，首先要確認出處。如果沒有附上來源，只是整理成簡單易懂的內容，這種資訊就不值得採信。此外，一定要備齊育兒書籍，至少要有一本讓妳知道如何應對各種狀況的書，最好是由專家執筆。以隨筆或育兒經驗為基礎寫的書，視為給予安慰和同感的讀物即可。

我也推薦大家定期訂閱育兒雜誌，因為每期會邀請掌握育兒最新趨勢的專家撰寫文章，將育兒必備的正確資訊傳達給讀者。唯有做到應盡的努力，在某種程度上成為專家，才能樹立正確的育兒觀。不想努力獲取育兒知識，只是堅守自己舊有的觀念，這只不過是一種固執而已。

如果要再補充一點，那麼我想說，媽媽也要多了解自己才行。養育孩子是父母和孩子之間的相互作用，光是了解孩子是不夠的，媽媽也要為了認識自己付出相應的努力。像是做一些性格類型的客觀性測驗，或是藉由閱讀來認識自己都是很好的方法，有機會也能向專家做進一步的諮詢。如此一來，不僅能更完善地撫養孩子，也有助於母親自身的人格成長。

Chapter 3

今天也
感到憂鬱和孤單

她每天都覺得疲倦，
孩子的事與家務事堆積如山，但她不知從何下手。
好不容易打起精神，卻總是開始做就出現放棄的念頭，
連做瑣碎之事的信心都沒有了。

很愛孩子，卻還是很憂鬱

做什麼都提不起勁的憂鬱媽媽

素恩過著日復一日的相同生活，即使某些時候心情很好，但到了隔天就彷彿什麼事也沒發生，再度回到被憂鬱纏繞的日子，已經到無法自我控制的地步。回想起育兒那段時光，她說大部分的時間是流著眼淚度過的。

身心俱疲的時候，不僅感受不到身為母親的喜悅，甚至沒有一件事能讓她感到幸福，腦中只想著自己是一名不及格的母親和妻子。結婚生子前她過著舒適安逸的日子，因此現在經歷的想法和感受，她沒辦法對誰說出口，不管是娘家媽媽還是丈夫，都無法成為她傾訴的對象。

身旁的媽媽朋友處境都比自己艱難，卻還是堅持下來把孩子照顧得很好，相較下自己顯得狼狽不堪，因而感到更加憂鬱。素恩每天都覺得疲倦，孩子的事與家務事堆積如山，但她不知從何下手。

好不容易打起精神，卻總是開始做就出現放棄的念頭。像是有選擇障礙的人一樣，她連做瑣碎之事的信心都沒有，甚至是幫孩子穿短袖或長袖這種事都無法決定。

以前她會在部落格發表文章，原以為現在可以像過去那樣下筆成章，如今卻連簡單的幾行字都寫不出來。如此思緒雜亂的情況還是第一次出現，她想著「應該會沒事吧」而一天天地辛苦撐著，直到她實在很想找人傾訴，才來我的診所報到。

不規律的睡眠和飲食模式導致憂鬱

人們經常有個誤解，以為女人經過懷孕和生產後母愛會自動產生，能自然而然地扮演好母親的角色。但在懷孕和生產的過程中，由於身體會產生荷爾蒙變化，反而讓媽媽對憂鬱症的抵抗力變弱；再加上成為媽媽後的生活急遽轉變，很少有媽媽未曾感到憂鬱。懷疑自己罹患憂鬱症來到醫院的媽媽，醫師會先確認她的各種狀況，尤其會詢問睡眠和飲食模式是否發生變化。憂鬱症嚴重時，很多人整天昏昏欲睡，導致夜晚無法入眠，睡眠模式會隨之發生改變。此外，也可能出現沒胃口使得體重變輕，或是暴飲暴食而體重增加的情況。

當了媽媽後，吃飯和睡眠模式會因為孩子而變得不規律。但為了照顧孩子而忽略自身的生理需求，對媽媽來說是常見之事。一開始還能用母愛克服，但如果負荷過重，腦內荷爾蒙就會出現異常，進而引發憂鬱症。

如果能得到充分休息，狀況不至於那麼嚴重，可是媽媽忙著照顧孩子或家務事，總是有種被時間追趕的感覺，即使想休息也無法好好放鬆。若是丈夫或雙方長輩都無法伸出援手，就會因為不斷累積的育兒壓力而提高產後憂鬱症的風險。

沒人逃得過育兒憂鬱症

每十名母親，就有一到兩名患有育兒憂鬱症，嚴格來說，其實沒人能夠真正逃開。育兒憂鬱症的正式診斷名稱為「產後憂鬱症」，是一種和嬰兒出生有關的情感障礙。症狀包括心情低落、對每件事提不起興致、無緣無故流淚，以及感到罪惡、不安、焦慮等情緒，和一般憂鬱症的症狀大致相同。

如果出現極度孤獨、認為自己不適合當媽媽的扭曲想法，以及過度擔心孩子健康、害怕自己可能會傷害孩子的強迫性思維等症狀，就可診斷為育兒憂鬱症。但是多數媽媽連這種心情都無法好好傳達，導致家人可能也不知道她的病情，這是育兒憂鬱症的特徵之一。

大部分的母親都會對育兒產生憂鬱感受，只是程度差異而已。雖然罹患憂鬱症而感到痛苦的人是媽媽，但它對孩子帶來的影響也不容小覷。患上憂鬱症的母親照顧孩子，可能無法完整給予孩子在育兒過程中最重要的敏感性和互動關係。因為她對所有事都不感興趣，無法聽取孩子的要求，還會出現逃避反應。而且脾氣變得暴躁，很容易對孩子發火。

另外，由於情緒會影響思考方式，情緒低落時讓人容易鑽牛角尖，產生負面思維，甚至會影響對孩子的觀感。一旦對孩子帶有否定的情感，站在母親立場必然會陷入不安。在不安感之中成長的孩子，也會表現出負面情緒，而出現一些攻擊反應等問題，讓親子關係陷入惡性循環。育兒憂鬱症不但對養育者造成威脅，也會對孩子造成負面影響。

所以，由患有育兒憂鬱症的母親撫養孩子，不僅會削弱母嬰之間依附關係的品質，還會讓孩子在情緒、人際關係、語言、智能及學習能力等方面出問題。有研究成果指出，母親若罹患憂鬱症，孩子在十一歲時的精神健康問題會比同齡孩子高出四倍左右。不僅如此，根據其他研究顯示，甚至會引發孩子生長遲緩、頻繁腹瀉、疝氣及氣喘等身體狀況。

媽媽，有點憂鬱也沒關係

育兒憂鬱症比其他憂鬱症更危險的原因，在於母親這個特殊身分使症狀不容易覺察。成為母親後，任誰都會期許自己成為一名好媽媽，不知不覺間形成一種壓力。在撫養孩子的過程中，雖然有許多開心幸福的時刻，同樣也有很多憂鬱辛苦的瞬間，差別只在每個媽媽的感受程度不同而已。

正因為是母親，要先認知到自己對憂鬱症的抵抗力較弱，這是早期發現和克服憂鬱症的第一步。身為媽媽，某種程度上有點憂鬱也沒關係。如果總是看起來很開朗愉快，反而更有問題。媽媽在心理上感到疲憊，並不是她自願的選擇，也不是她的錯。首要之務是承認心理方面的困境，然後與他人分享自己的困難，並積極尋求幫助才是解決之道。

雖然我是一名精神科醫師，但過去接受節目和雜誌採訪時，經常提起我在全職育兒時罹患育兒憂鬱症的經驗。我之所以這麼做，正是想給同樣經歷的媽媽帶來一些幫助，告訴大家：罹患憂鬱症不是什麼丟臉或羞愧的事。精神科存在著眾多疾病，如果覺得自己是反應過度而非憂鬱症，為了孩子著想，即使過度診斷也無妨，因為育兒憂鬱症的影響太巨大了。

接受援助，積極治療

所有疾病都一樣，減少危險因素最有效的方法就是做好事先預防。如果家族有憂鬱症病史、產婦以前患有憂鬱症、產婦年齡過小、孩子特別難帶、非期望中的懷孕、養育壓力過大、對婚姻感到不滿或配偶支持度低等等，都有可能引發育兒憂鬱症。撇開透過人為努力也無法改變的東西不談，最好的預防方法是減少養育壓力、提高婚姻滿意度及配偶的支持度。

特別是育兒壓力，這是來自日常中照顧孩子產生的，因此不僅是丈夫，還必須盡可能得到娘家與婆家的幫助才能減輕。如果是輕微憂鬱症，可以積極地把自己的心理狀況告訴家人，利用這種方式達到預防效果。

倘若憂鬱症情況超過兩週以上，就應該向專家尋求協助，積極地接受治療。與其他疾病相比，憂鬱症是很容易復發的疾病，因此建議一定要就醫治療。一般來說，只要曾經罹患憂鬱症，就有百分之五十至八十的機率復發；如果不接受治療，一生中會復發五至六次。還有研究結果顯示，罹患育兒憂鬱症未接受治療，會有百分之三十左右的人，一年後會持續處於嚴重憂鬱症和不安的狀態中。

藥物治療方面，通常會使用比較不會對哺乳產生影響的低危險性藥物。比起因為憂鬱症對母親和孩子造成的身心問題，藥物治療是更理想的選擇。

如果排斥藥物，只接受「認知行為治療」也能產生很大的幫助。認知行為治療是藉由確認個人消極的思考方式並加以修正、打破持續不斷的惡性循環，來達到恢復心理健康的治療效果。願意好好接受認知行為治療等心理療法，治療效果可以長達一至兩年以上，能有效降低復發率。

除此之外，還有腦刺激治療、放鬆治療及光療等各式各樣非藥物的治療方法。因此，妳所擔心的事不要獨自苦惱，建議可以先找專家商量。得了憂鬱症不是什麼太大的問題，但如果放任憂鬱症不管，那麼不僅會對孩子造成影響，還會影響整個家庭的運作。

只有我看起來很狼狽

拿自己和其他人做比較

智溫今年四歲了，但智溫媽媽每次送孩子去托兒所都倍感壓力。每天早上光是做飯給孩子吃、幫孩子穿衣服，再趕緊送去托兒所的時間都不夠用了，別說刷牙洗臉，她自己總是穿著運動服趿上拖鞋就出門了。但同班的賢宇媽媽不一樣，每天早上她都化上精緻妝容，甚至穿著高跟鞋出現在托兒所。

而且賢宇媽媽還有一張童顏。哎喲，她怎麼能每天都那麼勤勞呢？真是讓人感到好奇又嫉妒。更何況她還是三個孩子的媽媽，三個都是男孩子！

一般人感到壓力會試著改變自己，但智溫媽媽實在無法做到賢宇媽媽那樣。因為她覺得自己長得不漂亮，個性又懶散，心中的內疚轉變成一股怒氣，某天甚至拿無辜的智溫來出氣，讓孩子遭受無妄之災。

當媽媽後，開始不斷地嫉妒

成為母親後，與其談論自己和孩子那些值得驕傲的事，更容易傾向故作謙遜地傾訴充滿擔憂的負面故事。媽媽其實是一個極度孤獨的角色，藉由這樣的故事更容易引起對方關心，因此媽媽才會這麼做。換個立場思考就能理解，像是孩子生病、家境困難或工作不順等坎坷故事，的確比較榮易獲得他人共鳴。

再說，談及孩子既健康又聰明、家庭和睦、媽媽工作得心應手之類的內容，也很難讓人由衷替說話者感到高興。韓國有句俗話說「看到堂兄買地，堂弟就肚子疼」，以現代的情況來講，就是「看到鄰居家的太太買名牌包，我就肚子疼」。如果鄰居家的孩子穿著名牌服飾，就會覺得自家孩子看到會心裡不是滋味。雖然不想這麼想，卻還是會不自覺出現這種心態，該怎麼辦才好？

拿自身處境和他人做比較

人之所以很難發自內心替別人感到開心，是因為我們總會在無意間把他人拿來與自己的處境相比。對於和自己完全無關的人，反而能爽快地給予稱讚。當媽媽以前不在意他人眼光、也不太會和別人比較的人，成為母親後還是難以逃脫和其他媽媽互相比較的宿命。和自己關係越親近、接觸機會越多的人，對方在情感上對自己的影響力就越大。

不管是在月子中心認識的媽媽，還是托兒所、幼兒園甚至小學家長會結識的媽媽，都可能從短暫相識變成長期關係。因為孩子的成長與發展時間相近，就資訊共享這一層面來說，大家也希望能繼續保持聯繫。

遺憾的是，媽媽們之間的距離很難拿捏，想保持適當距離是件十分困難的事。距離太近，可能會因為比較、猜忌和干涉等問題未能排解而造成彼此的傷害，甚至讓友好的關係破裂。即便如此，到了小學階段依然會正式展開競爭，或許大家都經歷過這種事，也累積不少經驗，所以我最近觀察到，媽媽們的互動都小心翼翼的。

無法不在意外貌的媽媽們

基於同樣的比較心理，大部分的人當上媽媽後，對外貌的自信和滿意度都會降低。實際上因為經歷了懷孕和生產過程，女人的身材會出現急遽變化，本以為育兒階段就能恢復，結果卻不如預期，未能迅速回到纖細身形。有時看到身材好的媽媽，生起欣羨之情的同時，難免會出現複雜心思，像是「她帶孩子比我輕鬆，經濟條件也比較好，才有時間管理身材」等，找各種理由將內心的矛盾合理化。

也許是這個原因，媽媽們在社群網站上更常放蜜月旅行或戀愛時期的舊照片，而不是近照。孩子是越大越漂亮，上傳到網路的都是最新照片，自己的情況卻相反，只能放些舊照。

當然，有很多人成為媽媽後還是熱衷上傳自己的近照，還有人是生完孩子後，才頻繁地在社群網站張貼自拍照。無論如何，她們上傳近照的目的，都是想聽到下面這樣的留言。

「天啊，完全看不出來當媽媽了！」或是「這根本是姊姊，一點也不像媽媽！」事實上，留言的媽媽們自己也想聽到同樣的話，才會如此熱心地給予回應。

不管是認為自己身材很好或很不好、是喜歡展現外貌或不愛露臉，這些媽媽們的共同點都是無法擺脫對外表的執著。

對外貌的負面態度會影響到孩子

由於遺傳的關係，孩子通常會繼承父母的外貌，很多媽媽對此感到莫可奈何。舉例來說，母親肥胖，孩子肥胖的機率也會比較高；也有研究顯示，父母經常減肥，女兒跟著減肥的頻率也會比較高。

更有研究成果表明，母親看待孩子身體的態度，與母親看待自己身體的態度具有關聯性。如果媽媽認為自己外貌不佳，那麼她也會用負面角度來看待子女的外貌。當媽媽對孩子外貌抱持否定心態，即使隱藏得再深，也會在不知不覺間傳達到孩子心裡。

孩子所描述的母親外貌

當媽媽對自我外貌缺乏自信時，會使她們更加關注其他媽媽的容貌，同時擔心別人對自己的外表評頭論足。不過，媽媽們最害怕的不是別人的評價，而是尚未形成社會能力的自家孩子，在言行間坦率談論自己的外貌。孩子們說的話往往讓媽媽感到相當驚訝，因為他們總是在童言童語中吐露真心話。

雖然當下明白孩子還不懂事才會說這種話，但等孩子再大一點，情況又會不一樣了。他們甚至會拿妳跟其他媽媽比較，或開始對妳嘮叨一些外表的事，像是「媽媽妳要減肥了，化個妝再出門吧，戴耳環比較好看，別戴眼鏡了」等等。大致上這種情況會從幼兒園或小學低年級開始，早一點的也有五歲左右的孩子就會說這樣的話。

孩子對自己外貌的評價，真的有媽媽能泰然面對嗎？不管是以孩子或母親的角度來看，假使擁有人人稱羨的外貌，就會有更高的自信心嗎？就算不到自信程度，妳對自己的外貌還算滿意嗎？

自信心高，會提升對外貌的滿意度

很多研究都證實外貌滿意度和自我肯定之間的關係，個人對自我外貌的印象確實會對自我肯定帶來很大的影響。「自我肯定」是指尊重自己並肯定自身的價值，跟別人如何看待自己無關。由此可知，如果相信自己值得別人尊重，那麼對外貌有較高的滿意度也是理所當然的結果。

其實，別人怎麼看待自己的外表並不重要，重要的是妳必須積極正向地看待自己，因為真正的自信源於自我肯定。當妳有充足堅定的自我肯定，內在的自信也會變得強大，而這份正向意念會如實地反映在外貌上。有些人擁有大家公認的姣好面容，但不知為何就是無法在他人心中留下好印象；也有些人即使沒有出色的外表，卻總是莫名地讓人對他產生好感，我想這就是原因所在。

成為媽媽後，自我肯定降低是理所當然的

因此，唯有提高自我肯定，才會對自己的外表感到滿意。強化自我肯定來促進良性循環是值得期待的現象，但在撫養孩子的母親身上，卻很難看到高度自我肯定的心理。媽媽們當中幾乎沒人認為自己有良好的自我肯定，不管是來到我診所做育兒諮商的母親，還是身旁認識的媽媽，我從未看過誰能對自己的生存價值給予高度肯定。所以大部分來做育兒諮詢的人，不是來談如何養育孩子，而是以恢復母親自我肯定作為治療重心。

事實上，不是因為與處境比自己好的母親相比後，發現自己的不足才造成自我肯定感降低。真正的原因，是成為母親後經歷許多無法讓他人理解的複雜心理，導致她們沒辦法客觀看待自己，再加上總是消極思考，才造成自我肯定感低落。她們會不知不覺地貶低自己，這與是否身為母親這件事並無太大的關係，她們缺乏的是身為人類最基本的自我尊重。在這種情況下，與其認為自己本來就沒自信才當不成好媽媽，不如承認是因為轉換為母親的身分後，讓自我肯定感暫時降低的緣故，這才是合理且具建設

性的想法。

比較的心態會對孩子的自我肯定帶來影響

與他人比較後會產生自卑心理，多數源自於根深柢固的自我肯定感低落。只是單純地下定決心不再和他人比較，並無法解決問題。自我肯定感低的人用「跟他人比較」來定義自我，而自我肯定感高的人則認為自己的價值「與他人無關」。比較的心態不是造成自我肯定感低落的原因，而是結果。

如果不解決根本性的自我肯定感低落問題，只是努力告訴自己不要去跟他人比較，這是一種治標不治本的方法。孩子會像海綿一樣吸收父母的言行舉止，所以就算只是意識上也好，請媽媽盡量別跟他人比較。要做到完全不在意別人是件困難的事，但妳要盡力做到減少與他人比較的心態。如果媽媽不在意他人眼光，就不必擔心孩子會受到他人視線的影響。媽媽愛跟他人比較，孩子也會出現比較心態；媽媽對他人眼光不以為意，孩子也同樣不會在乎別人對自己的看法。

媽媽的人生裡，「比較」是件得不償失的事

就算再怎麼勸說不要跟人比較，媽媽還是會不斷與他人相比。這是因為她們認為不這麼做的話，人生似乎會停滯不前，她們擔心自己沒把孩子教好，導致孩子無法繼續往前進。

但是比較的結果往往弊大於利，特別會對母親的人生影響甚鉅。會讓媽媽在忙碌不堪的日子裡，無法好好思考自己是什麼樣的人。

身為一名母親，生活越是疲於奔命，越要堅持留一點思考時間給自己，想一想自己是什麼樣的人。因為自我肯定不僅是精神健康的重要條件之一，更可以讓妳不會過度在意別人的眼光，盡情去做自己想做的事。如此一來，包括育兒在內的整體生活滿意度也會隨之提高。

如果真的介意外貌，妳可以這麼做

因為是媽媽，在意別人眼光在所難免，但又因為這個身分而告訴自己

不該這麼做。在這種矛盾情況下，到底該如何看待外貌問題呢？

如果妳本來就不太在意自己的外表，心裡也沒任何芥蒂，那麼今後也不必特別去在乎這件事。一般來說，妳對孩子的外表也不會有什麼不滿，因為無論自己的外貌如何妳都能客觀接受，這就表示妳有一顆尊重自我的心。所以不管孩子外貌怎樣，妳也會懂得尊重孩子。

假如妳一直很在意自己的外表，甚至已經對生活造成影響，那也沒必要刻意壓抑自己的心情。壓抑不快的心情反而會引起情緒的惡性循環，而這份情緒會原封不動地傳達給孩子。

這個時候，妳可以把這種情緒當作是給自己獎賞的訊號。送孩子去美容院剪頭髮，妳也可以毫無顧忌地改變一下髮型；給孩子買新衣服，妳也可以毫無愧疚地買一件自己喜歡的。

透過這樣的過程可以讓孩子明白，雖然母親和孩子的人生是相互連結的，卻也是各自獨立的人生。更重要的是，也讓媽媽自己對這個道理有更深刻的體會。

身為一名母親，生活越是疲於奔命，
越要堅持留一點思考時間給自己，想一想自己是什麼樣的人。
因為自我肯定不僅是精神健康的重要條件之一，
更可以讓妳不會過度在意別人的眼光，盡情去做自己想做的事。
如此一來，包括育兒在內的整體生活滿意度也會隨之提高。

累到想哭，卻怎麼也哭不出來

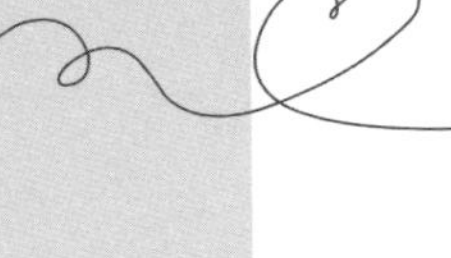

想哭卻哭不出來的媽媽

秀晶一臉陰沉地走進診間，因為無法控制憤怒而來接受治療的她，本來是一位在大企業上班的職場女性。產後她申請留職停薪在家帶孩子，剛開始她的情緒比上班時穩定，將孩子照顧得很好。

但是到了孩子兩歲左右，她開始感受到憤怒的情緒。在家帶小孩一年多，到了差不多該準備復職的時候，原本溫馴的孩子卻開始經常耍賴。為了好好管教，她逐漸身心俱疲。如果和顏悅色依然勸不動孩子，她就會忍不住尖聲喊叫，直到看見孩子受驚的模樣，她才能讓自己冷靜下來。基於彌補孩子的補償心理，她只好更努力地陪孩子玩耍。可是到後來，她開始對反覆出現這種舉動的孩子感到失望，同時也被心急如焚的感受百般折磨。

累到快哭出來時，她會強自忍耐，因為她認為不該在孩子面前流淚。原本以為和孩子暫時分開、好好休息一下就沒事，而將孩子託付給娘家媽媽，一人在家看了一部以家庭為題材的電影。但和以往看電影的經驗不同，這次她連一滴眼淚也沒流。網友的觀影心得都說這是一部每看必哭的感人電影，而她卻哭不出來。平時她並不是一個冷酷無情的人，明明也很想哭，現在卻怎樣也流不出眼淚。育兒過程讓秀晶開始懷疑，自己是否變成一個情感枯竭的人了？

為了忍住眼淚而壓抑情感

聽完她的故事，我感同身受。秀晶不是情感枯竭，而是處於一種強迫自己壓抑感情的狀態。沒人說身為母親就不能哭，反而因為是母親，更可以讓自己盡情流淚。雖然比起在孩子面前哭泣，背著孩子流淚可能更自在，但如果連獨處時也流不出眼淚，那麼在孩子面前哭泣也無妨。媽媽哭泣是一件理所當然的事，於是我將自己的經驗與她分享，告訴她我也有過每天以淚洗面的日子。

她聽了我的話，才終於流下眼淚，並且不發一語地哭了好一陣子。一直以來她都被「媽媽不能哭」的想法束縛，當她放下這個執念，就連表情也變得輕鬆許多。當然不是所有問題都能一次解決，但藉著回顧過往，找到因為忍住不哭而造成壓抑情緒的關鍵，問題就解決了一半。

問題出在想哭時無法盡情流淚

我從小就是個愛哭鬼，只要情緒上稍受刺激，很容易就淚眼汪汪，印象中是個動不動就哭的孩子。長大後也一樣，遇到悲傷或生氣的事，或是觀看感人的電影時，都很容易淚如雨下。雖然覺得羞恥，但就是無法忍住不哭。

直到成為精神科醫師後，才改變了我長期以來的想法。因為遇到太多人即便罹患憂鬱症這種全身性疾病，依然無法掌握自己憂鬱的情緒。真正的問題不是出在哭泣，而是欲哭無淚。比起壓抑情緒，更困難的是坦率承認自己的情緒。那些不太流淚的人，與其說他們善於調節情緒，不如說他們未曾好好認識自身的情感。雖說原因有成千上萬種，但最常見的是從小沒能從父母那裡得到對自身情緒的認同，或是在高壓環境下經歷無數次必須強忍淚水的情況。如果我沒有一位善解人意的母親，在我每次哭泣時替我排憂解難的話，或許我也會成為一個不明白流淚為何物的人吧。

情緒性淚水

美國生物化學家威廉・H・傅萊（William H. Frey II）將眼淚分為三種：基礎性眼淚、刺激性眼淚及情緒性眼淚。「基礎性眼淚」是指人體最基本的眼淚，透過自然分泌讓眼睛保持溼潤，並具有保護眼睛免受外來細菌威脅的作用。「刺激性眼淚」則是眼睛接觸到外來刺激時分泌的眼淚，它可以沖走令人不快的刺激物，預防眼睛損傷。

第三種「情緒性眼淚」則與前述兩種不同，它由大腦的邊緣系統控制。舉例來說，當腦神經或眼睛出現麻痺情況時，即使無法產生基礎性眼淚和刺激性眼淚，卻仍然可以流出情緒性眼淚。相反地，就算透過刺激眼睛的方式讓淚水落下，如果情感狀態毫無波動，還是會感受到淚水枯竭的感覺。

眼淚是自我療癒的工具

結婚生子後，身為全職奶爸的我開始過起與一般男性不同的生活，也開啟了鎮日與眼淚為伍的日子。由於一整天都待在家帶孩子，無法跟朋友見面，加上育兒承受的壓力無法用言語來排解，孤獨的我總是為此流下眼淚。更確切地說，我為了照顧吵鬧不休的孩子而徹夜未眠，但到了第二天，還是得裝作若無其事地過著同樣的育兒生活，我流下的眼淚更接近埋怨的眼淚。

隨著孩子滿週歲，要賴次數跟著增加，理智上能理解他們的行為，情感上卻還是會因為當下的情況而發怒，最後又獨自流下內疚的淚水。不過，即使只是短暫的瞬間，只要盡情哭過，就能讓情緒得到宣洩，進而成為一種轉換心情的方法，讓人體驗到與先前截然不同的情感狀態。所以不知從何時開始，我學會用這種方式控制情緒，克服日復一日的育兒生活中產生的壓力。

根據一項實驗結果顯示，情緒高漲到眼淚爆發的那一刻，腦波會激烈地振動，心跳頻率也會加快，而一旦開始哭泣，反而會讓腦波持續處於穩定狀態。此外，日本東邦大學的有田秀穗教授也表示，放聲大哭可以讓大腦達到重新啟動的效果。大哭一場後，反而能快速擺脫原來的情緒狀態，我想大家都有過這樣的經驗。這麼說來，眼淚其實是一種很棒的自我治癒工具。

正因為是媽媽，所以盡情哭吧

癌症專家李炳旭博士是「禮讚眼淚論者」*，他讓癌症患者在傾吐痛苦情緒時盡情大哭。據他所言，多數能嚎啕大哭的患者在恢復和治療上都得到更好的成效。因此他認為用笑容來治療疾病固然很好，但相較之下，眼淚治療的成效更顯著。身為一名癌症專家，他說最難治癒的不是癌末患

* 李炳旭著有《會哭的人，才會生活》一書，講述眼淚緩解精神負擔的有效良方。

者，而是情感枯竭的患者。

前來精神科求診的人也是一樣。如果第一次上門就願意向醫師傾吐自己的故事，並盡情流下眼淚，那麼大部分的精神科醫師都會知道，這位患者今後的治療肯定能得到很好的效果。因為能在醫師面前大哭一場的患者，往後必定能與醫師維持良好的關係，進而早日擺脫憂鬱症。

相反地，最難治療的類型是否認自身情緒，或無法讓感情狀態達到流淚程度的患者。媽媽們應該都還記得當自己懷胎十月的孩子呱呱落地時，初次聽到孩子哭聲的那一瞬間。那一刻誰也不會費盡心力阻止嬰兒哭泣，因為哇哇大哭這件事本身，就是一種非常珍貴的情緒表達方式。

但是在撫養孩子的過程中，我們對孩子的哭泣卻逐漸變得難以忍受。孩子哭泣這件事也被當成一件負面的事情來看待，就連聖誕歌曲〈聖誕老人進城來〉（Santa Claus Is Coming to Town）也有「聖誕老公公不會送禮物給哭泣的孩子」這樣的歌詞。或許，我們在不知不覺間用這種方式壓抑了孩子純真的情緒表達，再加上從小就被灌輸錯誤觀念，讓大家誤以為愛哭的孩子就是不乖的壞孩子。

這首聖誕歌不僅制止孩子哭泣，也讓一起唱這首歌的母親抹掉臉上的淚水。因為它甚至讓人有種錯覺，認為哭泣的媽媽不是好媽媽，是失格的媽媽。彷彿媽媽流淚，就會給孩子帶來負面影響似的。

孩子想哭時就讓他哭，這樣他才能成為一個心理健康的孩子。同樣地，媽媽想哭時也可以流淚，這麼做在心理上反而比欲哭無淚的媽媽更加健康。無法控制憤怒、心情覺得疲憊時，請痛快地盡情哭泣吧！正因為妳是媽媽，所以能更加心安理得地流淚。

與其他媽媽交流後倍感孤獨

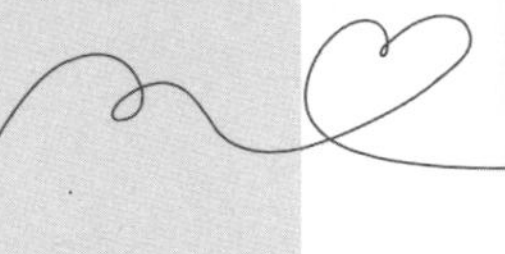

媽媽們缺乏溝通的孤單日常

美珍說成為母親後，孤獨的感覺是讓她最痛苦的地方。自從生下孩子，整天和語言不通的嬰兒待在一起，這種生活讓她非常鬱悶。聽說很多媽媽會積極參與產後護理中心的聚會，可惜美珍在那裡沒有認識到其他人。她在養育孩子的同時也開始使用Instagram，試著透過媽媽群組與他人溝通。不過，缺乏實質性的交流依然讓她頗為空虛。

隨著時間流逝，孩子滿兩歲了，她覺得這是一個好機會，於是報名了社區中心的課程。一方面是為了孩子著想，一方面也是希望透過社區中心能與其他媽媽交流，所以她對這個課程充滿期待。在課堂的第一天，為了觀看孩子們參加活動，媽媽們很自然地圍在一起，幸好多數媽媽給人的第一印象都很隨和。幾週後，有位媽媽約大家一起去兒童咖啡廳，她也漸漸和其他媽媽聊起天。不僅如此，她們還開設一個聊天群組，不分晝夜地閒話家常。就這樣過了一陣子，她覺得長期以來的孤獨感終於得到解放，不但得到育兒夥伴，也認識了很多朋友，讓她的育兒生活產生了更大的動力。

但是開心的時光很短暫，不久便發生一些令人不太愉快的事。看著聊天群組的對話，多數時候她心裡是不舒服的。因為自己只能趁著照顧孩子的空檔做家事，每天都忙得焦頭爛額，可是其他媽媽卻不是這樣。有人家裡請了幫忙做家務的阿姨；有人住得離娘家近，疲倦時可以把孩子託付給媽媽，自己去看個電影放鬆一下；有人老公一下班就會幫忙照顧孩子，讓媽媽享受一人時光。一開始聽到這些事，心中只有羨慕之情，但時間一長，心情開始變得很差。好像別人都在炫耀自己過得有多好，而自己訴苦後得到的安慰之詞，也只是顯得自己更狼狽而已。

到了報名下期課程時，美珍沒有續報，因為和媽媽們的溝通已經成了一種壓力。還好聊天群組的對話也逐漸減少，她因為壓力減輕而感到慶幸。但又突然想到，會不會是其他人將自己排除在外，重新開了一個群組呢？雖然不知實情為何，她對自己竟然有這種想法感到慚愧。孩子馬上就要上托兒所了，她已經開始擔心自己今後能否跟其他媽媽相處融洽。

難以保持適當距離的人際關係

母親的生活就是複雜人際關係的延續。成為母親前，因為結婚而需要重新適應男友變成丈夫的身分轉變，以及多了比自己父母更需要費心應對的公婆。到了生養小孩的階段，則最先感受到身體的疲累，再來是心理上的辛苦，畢竟育兒也是展開一段屬於自己和孩子之間的全新關係。

育兒之所以如此困難，是因為出乎意料的複雜人際關係變多了。沒在預料之中，所以就連感到混亂的時間都沒有，就直接闖進了原有的生活，這就是以孩子為中心的媽媽們都會遇到的問題。以社區中心的聚會為開端，隨著孩子進入托兒所和幼兒園，與其他媽媽之間的聚會將接二連三地出現，就連聊天群組也會不斷地增加。

當媽媽之前，如果遇到令人不自在的對象，可以選擇不去參加聚會；如果與他人出現嚴重矛盾，也可以直接斷絕往來。但是以孩子為中心的人際關係很難做到這點，因為孩子的朋友們有著錯綜複雜的關係。由於大家住在同一地區，幾乎都是認識的臉孔，一有什麼壞消息就會立刻傳播開來。就算躲得了一時也躲不了一世，即使現在讀不同的幼兒園，以後還是可能成為同班同學，到時還是不得不見面。

所以每認識一位媽媽朋友，就得費盡心思去了解這個人好不好相處、個性是否跟自己合得來。因為不想讓別人討厭自己，每次說話都小心斟酌，與別人聊天時，也得再三思考對方是否話中有話。如此一來，要展開一段新關係就會倍感壓力。

結果，不知不覺間就採用了「逃避」這項防禦機制，盡量不與對方變得過度親近，小心翼翼維持彼此的距離。有時候還因為和某個人鬧得不愉快，就疏遠了整個群體。如果這麼做可以讓自己心理好過也就算了，偏偏不是這麼一回事。而且因為脫離團體造成資訊不足，還會擔心孩子蒙受損失而感到不安。

即使成功維持了外在距離，內心距離卻可能無法守住。因為在意他人，所以透過社群網站不斷更新其他媽媽們的近況，時時刻刻都在關注眾人的動態。本來照顧孩子已經心力不足，現在還因為人際關係的壓力耗費過多心神，這樣的媽媽令人感到心疼。

與他人無關，孤獨感源於自我關係

要如何解決這種惡性循環呢？首要之務，是好好理解惡性循環的緣由。多數人誤以為人是因為害怕孤單才與他人建立關係，而會透過談戀愛等方式，加深與他人的聯繫。其實，越是執著於此，就越容易帶來傷痛。

即使整天與孩子黏在一起，媽媽仍然會覺得孤單，由此可見，孤獨不是依靠他人就能解決的問題。有時候媽媽們反而因為太孤單而想要「獨自」去旅行，這是因為孤獨並非來自與他人的關係，而是來自與自己的關係。越是疏遠自己，孤單的感受就會越強烈。

大家對「自我關係」的概念可能較為陌生，但它在心理學是一個非常重要的概念。我們應該像對待他人一樣對待自己，並加深對於自身的認識。人的心理狀態大致可分為「想法」和「情感」兩部分，每個瞬間我們都有無數的想法和情感生滅。身為一名母親，因為孩子這種存在，讓妳必須掌握他每一刻的想法和情感，同時還得努力去解讀隱藏在眾多行為背後的意思和感受。畢竟，根據孩子的行為給予適當反應、與孩子產生互動，是母親最重要的職責之一。

問題出在越是這麼做，媽媽就越無法掌握自己的想法和情感。想著要餵孩子吃什麼，卻忘記自己想吃什麼；煩惱著讓孩子去體驗什麼活動，便忘了自己喜歡做的事。最後變得只要聽到孩子的哭聲或看到表情，就能熟練地掌握他們的想法和情感，可是卻連自己此刻想做什麼或吃什麼是半點頭緒也沒有。

不只是丈夫，甚至是最了解自己的娘家媽媽也對這件事不聞不問。因為孩子出生後，會有好長一段時間大家只關心孩子。很多媽媽在某個瞬間已認清現實，克服了內心矛盾，將這一切合理化，告訴自己「媽媽的人生本來就這樣」，努力過著大同小異的每一天。

修復自我關係

「人際關係」是指他人與自己的關係。看似花越多心思在別人身上，就代表人際關係越好，事實卻正好相反。若是以他人為重心與其他母親建立人際關係，即使給人的第一印象很好，最後仍然容易以失敗收尾。因為越是在意他人想法，應對時的言行反而會過於小心，對人際關係變得畏首畏尾，給心理帶來莫大的負擔，最終導致自己出現逃避心態。其實應該採取反向操作，將原本朝著別人的天線轉向自己。當自己與他人之間的頻率找到平衡點時，才能維持長期且穩定的人際關係。

把朝向孩子的天線適當地轉回自己身上，這麼做既不自私，也不表示缺乏母愛。媽媽必須擺脫那一刻產生的內疚，這不是一種選擇，而是為所當為。如果因為照顧自己而感到自責，那代表妳對這個行為還不習慣。想解決內心矛盾只有一個辦法，就是讓自己變得習以為常。

如果不知道自己想吃什麼，請回想一下自己原先喜歡的食物，然後務必再次品嚐；如果不知道自己想做什麼，請回想一下自己本來的興趣，即使有點麻煩，也請一定要嘗試看看；如果不知道自己想去哪裡，請再次造訪從前喜歡去的地方。唯有如此，妳才能恢復以往對自己的關心，也才能在今後與無數媽媽建立起良好的人際關係，找到適合自己的相處之道。同時，更能維持自己與婆家、丈夫及孩子之間的穩定關係。

這是因為孤獨並非來自與他人的關係，
而是來自與自己的關係。
越是疏遠自己，孤單的感受就會越強烈。

不小心沉迷於社群網路

變成自拍成癮者的媽媽

承俊媽媽最近有個煩惱，那就是孩子出生後，她拍照上傳到Instagram的次數逐漸增加，奇怪的是以前並不會這樣。如果沒有每分每秒拍下孩子或自己的照片上傳，她就會感到相當不安，有時也會懷疑這是不是一種疾病。她變得非常在意朋友和人們的留言，照片上傳後如果沒人回應，她就會拍攝其他照片繼續上傳。她的狀況日益嚴重，丈夫也說她的行徑很奇怪，更有朋友直言請她別再上傳照片，但她還是無法克制地持續做著這件事。

美國精神病學協會（American Psychiatric Association）在二〇一四年四月召開的芝加哥年度會議上，首次提出「自拍成癮」（Selfitis）一詞，認定這是一種新的精神疾病。自拍成癮是指執著於自拍並上傳到社群網站，藉以恢復自尊心和提高親密感的現象。心理學家將自拍成癮明確分為三個層次：每天自拍超過三次但沒有上傳至社群網站是「臨界自拍成癮」；每天自拍多於三次並上傳至社群網站叫做「急性自拍成癮」；每天上傳自拍至社群網站超過六次，且無法控制自拍衝動則被稱為「慢性自拍成癮」。

承俊媽媽拍攝孩子照片上傳到社群網站的行為背後，其實是將孩子視為自身的替代品，隱藏著想藉由他人關注來恢復低落自尊的心理。從這個層面來看，如果她已經無法抑制這個行為，也算是「自拍成癮」的一種。

社群網站成了媽媽展現自我的方式

身為一名母親，想好好珍愛自己是很困難的一件事，也可說是一種奢侈的心願。因為多數人已經接受社會給予的固有觀念，認為母親的人生就要為孩子犧牲奉獻，對於不花心思打扮自己這件事也就慢慢地習以為常。

偶爾想弄個頭髮而把孩子託付給別人也會於心不安，好像為了滿足自己的欲望而疏忽孩子。或許因為這樣，很多媽媽就連想去個美容院也遲遲無法行動。如果媽媽真的做到一心只為孩子活著並對此感到滿足，那也沒什麼問題，然而大多數的媽媽做不到這點。雖然理智上知道身為一名母親，為孩子付出是理所當然的事，但心裡仍然留有遺憾，因此會讓人不自覺去尋找其他方法，用來彌補無法展現自我的缺憾。方法之一就是把自己與孩子視為一體，為了凸顯自己而把孩子當作一種裝飾品來使用。

對他人的反應過度敏感

母親將自己和孩子視為一體這種行為，對媽媽來說是一種選擇，但對出生就只能依賴母親的孩子而言，他們並沒有選擇的空間。母親這種心理會對孩子產生很大的影響，尤其是母親性格中的憂鬱、不安、強迫、衝動及自戀等特性，會給孩子帶來負面作用。其中的自戀性格若是嚴重到影響日常生活，即可認定為「自戀型人格障礙」。

透過診斷標準裡的表現特徵來看，這類患者具有誇大自我重要性、需要他人的稱讚、渴望被愛的需求、炫耀與傲慢、認為自己有特殊權力、優越感、以自我為中心及過度敏感等特點。特別是會對他人的反應過度敏感，自尊心十分脆弱。具有自戀型人格的媽媽往往帶有優越感和特權意識，堅信世人應該無條件順從自己，並且要求他人為自己服務。然而，問題在於為了維持這種自我形象，就必須向周遭人們提出各種要求，孩子就是深受其害的對象。

把孩子視為一體，為了滿足媽媽的需求

解釋自戀型人格成因的學說，大致上分為兩種。第一種說法認為，當事人因為小時候經常遭到父母拒絕，對這個世界產生不信任感，變得只相信自己，從而發展成自戀型人格。另一種說法則主張，是因為從小就得到父母過度的讚揚，導致自戀型人格。這兩種說法看似完全相反，其實從某種角度來看卻可以找出相似脈絡。不管是拒絕孩子的需求，還是給予孩子誇大的評價，背後隱藏的目的都是為了滿足母親自身的需求。

事實上，母親在很多時刻都感到憂鬱。雖然養育孩子這件事本身很容易讓人變得安於現狀，但還是有其他原因會令人感到沮喪。像是在育兒過程中，媽媽們會發現自己婚前的夢想似乎沒有實現的機會了，為了擺脫這份憂鬱，只好將自己的願望投射在孩子身上，將其培養成自己理想中的模樣。

把孩子的人生當成是自己的人生來看待，這種情況可稱為「病態型自戀」。它是一種對抗自卑感的防禦機制，當患者面對以前經歷過的痛苦感情而感到憂鬱和不安時，會採取自戀的方式來克服這種心理。尤其是原先得到社會認可的職業女性，如果為了專心育兒而放棄工作，未來透過孩子來實現自我成就的欲望往往也會更強烈。

自戀型媽媽會控制、剝削孩子

當然，媽媽不是自願選擇這種自戀傾向，只是不知不覺間，將兒時未能解決的自戀情結投射到孩子身上。如果孩子長大後也將自己和母親視為一體，那麼這些負面特質就會原封不動地傳達給孩子。因為自身未能解決的矛盾讓孩子深受其害，這又會讓媽媽更加懊悔痛苦。

執著於上傳照片到社群網站的行為，其實也等同把孩子與自己視為一體。自戀型媽媽因為自我認知不夠堅實，無法明確區分自己和他人的界線，所以和孩子之間的關係也變得模糊不清。

這樣的母親經常會限制孩子的自主性，有時甚至會以引發孩子羞恥的方式，試圖控制和支配孩子的行為。換句話說，媽媽對待孩子時會以自我為中心，甚至出現剝削孩子的舉動。這種情況下，比起理解和認同孩子的需求，媽媽更關注自己的需求，因此很容易讓孩子感到受挫。在這種環境下長大的孩子，由於需求未能得到滿足，在外部表現上經常會出現攻擊性行為。此外，也會造成睡眠障礙、進食障礙、頻繁哭泣、攻擊性、反抗及憤怒等問題，甚至產生依戀障礙。

比起照片，更應該重視孩子的情感

無論是為了自己或孩子，喜歡幫孩子拍照本身不是什麼大問題。真正的問題在於熱衷拍攝的同時，根本沒花心思去了解孩子的情感。孩子只要看著母親對自己充滿愛意的表情，就會對自己產生堅定的信任，不會去在意他人的視線。

可惜的是，在拍攝要上傳到社群網站的照片時，媽媽總是希望孩子露出笑容，可是自己在拍照時卻沒有餘力對孩子的笑容給予回應。當孩子感受到媽媽關心的對象不是自己而是其他事物時，就會出現自卑心理，並且會採取過度包裝自我的心理防禦機制。這種循環下，又造就了另一個帶有自戀傾向的人。

開設社群網站的初衷

社群網站本身並不壞，特別是經歷了日復一日的育兒生活後，它可以讓媽媽在鬱悶的日子裡喘口氣，也能獲得一些育兒相關的資訊。我也是全職育兒後才開始寫部落格，這讓我在育兒之路遇到許多志同道合的夥伴，他們總是在我開心時陪我一起慶祝，在孩子生病時給予真心的安慰和支持。養育孩子的過程中，還能獲得對孩子有實質幫助的各種訊息。包括照片在內的貼文數不勝數，將來想回憶時找出來看也很不錯。

因此，比起猶豫是否在社群網站上投入大量時間，試著回想一開始加入的初衷更重要。究竟是為了孩子，還是為了彌補自身的不足？如果不認清這點，就很容易本末倒置。沉迷社群網站的行為，表面看似為了孩子，但細究其原因，更多時候是為了展現自己。如果只是想替孩子留下童年回憶，其實不必為了拍出好看的照片而無數次按下快門，更不必處心積慮地考慮構圖。若是能進一步體認行為背後隱藏的孤獨、空虛及悵然若失，那麼問題便可迎刃而解。

面對自己隱藏起來的情感，會帶來心理上很大的痛苦，所以才會用其他事務來包裝自己和孩子。趁孩子還小時，可以盡量幫他們拍照留念，但也要懂得適可而止。少花一點時間上傳照片，多花一點時間仔細看看孩子的表情，好好地去感受孩子的心情吧！

成為媽媽後，我的名字好像消失了

現代母親的困境

近來，母親的角色發生很大的變化。以前只要遵照代代相傳的育兒方式照顧孩子，就會被認為已盡到母親的責任。現在因為育兒資訊豐富，對媽媽的要求也比以前高出許多。透過社群平臺看到周遭人們的育兒日常，似乎完全符合社會期待，還都做得盡善盡美。我自己每次上傳貼文時也會犯同樣的毛病，只表現出享受育兒生活且從容有餘的那一面，對此我感到很抱歉。雖然我也想將艱辛困難的事與大家分享，不過又擔心老是貼這些負面文章，應該不是大家樂見的，才會選擇避而不談。

現代媽媽追求一種完美母親的形象，但大部分的媽媽在小時候看到的母親並不是這個樣子。兩者之間的落差造成心理不平衡，讓媽媽這個身分成了一種負擔。

所謂「媽媽」，是個沉重的面具

「Persona」一詞，是指古代希臘戲劇中演員們所戴的面具。當演員戴上國王的面具即成為國王，戴上臣子的面具則成為臣子。戴著面具的演員演得好，觀眾們會深受感動，演得不好也會提出批評。不過演員與面具，仍然是兩個完全不同的個體。

生活在集體社會的我們，總是努力履行被賦予的各種角色，以達到社會對我們的期待。分析心理學創始人榮格認為，人類為了適應集體社會，會在不同的社交場合扮演不同形象，他將這個概念稱為人格面具（Persona）。媽媽的人格面具之所以不同以往，是因為人格面具本身會受到很多社會與文化的影響而產生變化。人格面具為個體帶來莫大的負擔，會引發心理上的矛盾，因此個體經常透過各種防禦機制來解決這些矛盾。像是近來透過批判現實而帶來樂趣的育兒貼文與網路漫畫，在媽媽之間大受歡迎，主要也是因為它用「幽默」這個防禦機制解決媽媽們複雜的心理矛盾。

當媽媽把重點放在母親應該遵守的義務和責任時，人格面具就會得到強化。人格面具與社會制定的框架是相同的東西，卻未必能與本人真正的生活及人生方向形成一致。倘若讓生活目標被人格面具同化，依照人格面具過日子，那麼就無法發揮自己原有的本性了。

戴著名為「母親」的人格面具活著，也是相同道理。我們需要將戴著人格面具的生活與依照本性的生活區分開來，努力尋找隱藏在人格面具下的真實自我。許多媽媽連自己是否被人格面具同化都不清楚，她們自身也認同家庭與整個社會對自己的要求，將之視為理所當然的分內事。

別寄望自己成為完美母親

如果忠於社會要求的母親角色，而沒有顧及自己的內心，結果會變成什麼樣子呢？短期內會感覺自己好像取得某種成就，也得到周圍人們的稱讚，營造出一種好媽媽的形象。但越是將自己與人格面具同化，就越容易忽視內心的想法。倘若持續過著這種與自我分離的生活，身體和精神方面都會產生各種問題的。這種例子在中年職場男性身上也很常見到，他們把全副心神放在工作，將工作視為人生全部。在外人眼中是模範上班族，但只要一回到家就變成一名暴君，儼然成了雙重性格。在許多政治人物或宗教人士的身上也可看到類似情況，這些人表面上看起來是受到世人尊敬的名人，背地裡卻隱藏著無法克制的性衝動病態人格。

像這樣完全脫離自己本性的生活，是一件非常危險的事。媽媽應該將放在孩子和他人身上的視線轉回自身，好好正視自己的內心、情感與本性。像是憤怒、憂鬱、不安、頭痛、肌肉痠痛及慢性疲勞等，都是人在無意識之中追求自我本性而出現的症狀。如果妳發現身上出現這些與精神官能症相關的症狀，應該視為一種警訊，因為那意味著妳目前的生活已經出現了問題。

媽媽心裡也有一個孩子

將自己與人格面具同化，在生活中會出現很多副作用。只不過，要將媽媽這個人格面具與真實自我做區隔，並不是一件容易的事，有必要更努力地去發現自我本性、純粹的自我想法與情緒才行。當妳脫下社會賦予的母親頭銜與面具時，內在本性就能得到喘息的機會。

榮格曾說：「每個人的心裡都隱藏著一個小孩，在心裡讓出一個位置給他吧。」為了達到這個目標，首先需要徹底找出這個「內在小孩」。這是一種廣泛運用於心理治療的精神療法，它能幫助人們了解個人目前的需求，並覺察自己真正想要的是什麼。

遇見內在小孩的前提條件

在與病患諮詢的過程中，很多人會講述成長過程中關於父母的記憶。大部分述說的內容不是自己對父母的感情，而是替父母辯解。例如他們會說自己的記憶可能已經扭曲，站在父母的立場可能不是那個意思，以這種方式替父母辯護，接著才小心翼翼地講述自己的想法和情感。

客觀地說，父母的立場如何，究竟有沒有說過那樣的話或做出某些行為都不重要，本人感受到的情感和想法才是最重要的。與病患進行個人諮詢時，我也必須不斷重複這些話，才能讓病患卸下防禦心理，坦然吐露他們真實的自我情感。

為了探索內在小孩的想法、情感及需求，前提條件是要相信自己，不管是什麼樣的內容，都不是別人可以替妳判斷的，因為沒人經歷過妳遇到的狀況。關於自己的想法和情感，不管是否是自己想要的，都是合理且恰當的。一般來說，精神健康的人不但能適時撫慰自己內心的情緒，並且能將它表達出來。

認同矛盾的心理

接近自己內心情感的時候，很容易讓人陷入一片混亂。如果能認清內心本來就同時存在相反的情感，就可以從矛盾中解脫。舉例來說，從小對媽媽的記憶是一名為孩子犧牲奉獻的女人，再怎麼困難她也努力盡到母親應盡的職責，因而對媽媽抱持著感激之情；但同時又有媽媽情緒不穩定就會對自己施加暴力的印象，那麼不管原因為何，站在孩子的立場就會對母親懷有憤怒情緒。

像這樣正面情緒和負面情緒兩者並存不是什麼大問題，只有在心裡無法達成平衡時，才會成為一種問題。某些時候覺得媽媽很偉大，某些時候又覺得媽媽沒那麼好，這兩種截然相反的情感都很珍貴，共同存在並不會造成任何問題。

到底哪一種才是正確的情感？是否要下定決心做出選擇？放下這些念頭吧！這才是坦誠接近自我情感的方法。跨出這一步，神奇的事就會發生，妳會發現自己又朝那個看不見的內在小孩靠近了一步。

每天五分鐘，與內在小孩見面吧！

隨著人類進入社會化，就越來越難坦率地去認識自己的想法和情感。請試著回顧至今為止的生活，特別是成為母親後的日子，妳會發現過往的人生幾乎未曾有著類似的經歷。

身為一名母親，每天可以反覆練習與內在小孩對話。第一件事，先觀察內在小孩看起來怎麼樣。如果從來沒做過這件事，內在小孩可能會感到混亂不安，也許還會躲起來或縮成一團。不管怎樣都沒關係，只要觀察他現在的狀態即可。

第二件事，試著和內在小孩談談。與其自顧自地說話，不如好好地聽一聽內在小孩想說什麼。別以母親的立場去怪罪怎麼可以有這種想法，也不必加以判斷，妳只要聽完後給予共鳴就可以了。責備內在小孩是第一大忌。

最後，試著詢問內在小孩想要什麼。內在小孩跟身為媽媽的自己不同，也許他想要的是成為母親後就難以享受的事物，例如獨自一人去南美洲當背包客等等。有一點務必留意，那就是由於他是個孩子，所以妳不能用母親的標準來評斷，也不需要加以限制，內在小孩想要什麼都沒關係。

經過上述三個階段，將與內在小孩見面變成一種習慣，妳會發現這麼做非常有助於覺察自己的想法和情感，花費的時間也比想像中來得短。每天只要投資五分鐘與內在小孩見面，現在開始也為時不晚，妳將聽到內在小孩跟妳說聲：「終於找回了自我，真是太感謝妳了！」

到底哪一種才是正確的情感？是否要下定決心做出選擇？
放下這些念頭吧！這才是坦誠接近自我情感的方法。
跨出這一步，神奇的事就會發生，
妳會發現自己又朝那個看不見的內在小孩靠近了一步。

3

媽媽，單純一點，腳步慢一點

難以放慢腳步的艱辛人生

難得外出享用美食，卻覺得好好品嚐佳餚是種奢侈；全家一起去郊外賞楓，卻因為要照顧孩子而無法盡情感受秋日風情；就算只是短短幾分鐘，想讓自己放空、感受當下心情，身為母親的妳卻還是很難做到……因為只要跟孩子待在一起，妳就習慣分秒必爭地去處理各種大小事，這就是母親的人生。

特別是在這個什麼都要求快速的現代社會裡，媽媽們總是忙得不可開交。總是覺得要做的事堆積如山，所以心情變得急躁，不停在內心吶喊「快點快點」。

「我們慢慢地走吧，走吧，走吧。

若是疾步如飛，拚了命似地奔跑，
當一隻漂亮貓咪步伐輕巧地從身邊經過時，
也無緣相見。」

這是樂團「張基河與臉孔們」，一首叫做〈慢慢走〉（느리게 걷자）裡面的歌詞。這首歌讓忙碌的現代人重新思考擁有從容心態的重要性。

簡單而緩慢地生活吧！

媽媽的人生過得越簡單越好。唯有如此，內心才會從容不迫，能對抗養育孩子這場長期戰爭，也能在真正需要戰鬥的時候，做足準備。但是很多媽媽對休息這件事不擅長，即使身體在休息，腦子依然不停打轉。無所事事的時候，還會莫名覺得自己不是一個稱職的母親，因此總會為了孩子的成長和發展而自尋煩惱。但越是這樣越要反其道而行，偶爾將腦袋放空，是很不錯的選擇。

媽媽的人生也要過得越緩慢越好。盡量將動作放慢，有話慢慢說，即使這麼做也絕不是一個懶惰的媽媽，更不代表對孩子放任不管。準備外出時，不要因為害怕遲到而開啟戰鬥模式，讓自己變得手忙腳亂。最好空出至少三十分鐘，提早準備。與孩子一起吃飯時，請試著培養緩慢進食的習慣。幫孩子穿衣服或教導孩子時，都請盡量放慢速度。不急不徐地說話，不僅是為了媽媽好，也會對孩子產生正面影響。當媽媽降低說話的語速，妳會發現孩子出現前所未見的微妙反應，帶給媽媽超乎想像的驚喜。

感受不一樣的時間速度

韓國票房長紅的好萊塢電影《星際效應》，主角體驗了一場穿越時空的旅行，觀眾也間接感受到超越時空的樂趣。對養育孩子的母親來說，即使沒看過這部電影，每天的日常生活也經歷了穿越時空的感覺。媽媽們透過孩子，彷彿展開一場回到過去的時光之旅，有時覺得時間好像變慢了好幾倍，有時又覺得時間像是被按了暫停鍵，或是讓妳體驗到何謂光陰似箭。

小孩經常反覆做著同一個動作，當妳靜靜觀察，就會感受到時光的流動與平時所認知的時間速度完全不同。看孩子急急忙忙想撕開零食的包裝袋，一刻也等不了的樣子，會覺得他真沒耐心；但另一方面，當他沉迷於某件事，可以毫不厭倦地重複相同動作時，他的耐心又比身為成人的母親強上數倍。像這樣和孩子待在一起所經歷的時間，與成人後感受到的時間似乎是截然不同的東西。

想從一成不變的日常生活中得到解放，不妨仔細觀察孩子的行為舉止，讓自己重溫長大成人後就無法享受的童年時光吧！跟孩子相處，過往對時間的刻板印象會變得十分模糊；從中也可明白，原來虛度幾個小時並不如想像中困難。

不管是人際關係還是工作，如果仔細追究，幾乎沒人會把重點放在當下，大部分都是著眼於未來而將時間投入其中。但是和孩子待在一起，妳可以盡情享受當下的每分每秒——這是如果沒有成為媽媽，也許妳的人生中就沒機會享受的時光。

Chapter 4

今天也
因為說不出口的情緒而難受

其他事情也許她比不過別人，
但自己與孩子的依附關係她一直很有自信，
如今她卻連全職媽媽最後的一點自尊心都蕩然無存，
彷彿墜入無底深淵。

養育孩子時
想起童年時期的傷口

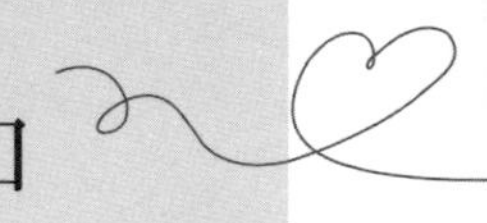

怨恨母親疏忽兒時的自己

關於托兒所、社區中心與文具用品等各種跟育兒相關的最新資訊，惠媛都能第一時間掌握，因此她在媽媽圈裡非常有人氣。許多母親看到周遭的媽媽們為了孩子用盡心力，再看看毫無作為的自己，很容易因此感到憂心。像惠媛這種熟知最新資訊的人深受媽媽們的歡迎，或許也是理所當然的事。

但是，看似完美扮演母親角色的惠媛也有自己的苦衷。她認為自己對孩子傾注的熱情，有時是來自難以明確說明的焦慮，或是不知來由的不安感。越想努力撫養孩子，就越容易讓埋藏在腦海深處、那些與自己媽媽有關的童年回憶浮現，為此她感到相當難受。

在她的記憶中，媽媽比其他人的媽媽更忙碌而總是疏忽自己，這種想法在她內心深處已根深柢固。當時她沒有對忙碌的母親感到失落，可是當她為了撫養孩子而無法成為夢寐以求的職場女性時，突然覺得這一切是否因為當時母親疏於照料自己的緣故。

媽媽的依附經驗會代代相傳

無論多麼致力於給孩子創造良好的教養環境，或是多麼想成為優秀的父母，如果父母本身沒在這種環境下成長，就很難做到這點。這裡談的就是所謂的「依附經驗」。「依附」是指一個人對最親近之人產生強烈的情感關係，大部分指的是孩子小時候對母親的感受，但成年後仍然會受到依附經驗的強烈影響。

在依附關係中，最重要的是敏銳掌握孩子的需求，並及時給予互動。如果媽媽未曾有過良好的依附經驗，那麼不管再怎麼努力學習育兒知識，還是會經常遇到無法跟孩子建立親密依附關係的狀況。由於小時候的成長經歷已深深融入一個人的生活，因此成為母親後也會影響教育孩子的方式。不過，這是有方法解決的，小時候沒跟父母產生情感連結的媽媽，可以為了孩子去學習依附經驗。目前能有效提供孩子依附經驗的各種方法已開發完成，並且都被實際使用著。

育兒歷經的難處不勝枚舉，很難一一羅列出來，其中最令人感到痛苦的，是勾起成長過程中與父母相關的創傷記憶。童年時期被照顧的經驗會與一個人的人格、看待這世界的觀點與內心堅定的信念等息息相關。所以當患者造訪精神科診所或心理諮商中心時，基本上都會請他們填寫一份問卷，其中就包括與童年經驗相關的問題，因為被照顧的經驗會對照顧他人的態度產生直接影響。

養育方式大致上分為兩種，一種是將他人給予的事物全盤接受，另一種則相反。為了防止各種心理打擊造成的障礙，我們會採取自我保護的一些心理策略，以專業術語來說就是「防禦機制」。所以，第一種教養方式可視為「認同作用」，第二者則是「反向作用」。

人們得到負面的照顧經驗，採取反向作用看似合情合理，事實上採取認同作用的人更普遍。這是因為內心一直對兒時的父母抱持著憤怒和恐懼的心理矛盾，藉著模仿父母的行為，可以降低由此引發的心理障礙。舉例來說，雖然下定決心絕不成為像媽媽一樣會對孩子動手的人，但自己卻不斷對孩子做出相同舉動，原因就在此。因為大部分都是無意識的心理活動，從一開始就很難自我察覺，就算身邊有人把實情告訴自己，也無法輕易接受這個事實。

成為和自己母親不一樣的媽媽

我自己在養育孩子時，致力於當一個溫柔體貼的爸爸，也盡量不對孩子採取嚴格的教育方式。我們上一代的父親通常會嚴厲地管教兒子，認為將兒子培養成男子漢是他們的責任。最近還是能看到這樣的父親，而我自己小時候眼中的父親也是如此。所以現在看到父親和我兒子相處的模樣，有時我會感到很混亂，因為和我小時候認識的父親完全不同。一向嚴厲的父親在對待孫子時非常和藹可親，就算孩子再怎麼調皮搗蛋，他也絕對不會斥責他們。看到此情此景，再回想起小時候被父親訓斥的記憶，偶爾我也會心裡不是滋味。

這麼看來，我會成為孩子的主要養育者，以全職奶爸的身分過日子，並不是偶然。我在深受觀眾喜愛的爸爸育兒節目中，發現參與演出的藝人爸爸們都有一個共同點，那就是他們小時候都有一位嚴厲的父親。雖然很多人都不希望自己的育兒方式步上父母後塵，但實際做起來並不如想像中那麼容易。換個角度來想，這不失為一個治癒童年創傷的好機會。

與父母聊聊自己的童年往事

回想起童年時期被照顧的經驗，即使讓人感到痛苦萬分，也不能一味地試圖掩蓋，因為這不是解決問題的好辦法。在養育孩子的過程中，小時候遇到的事經常非自願地浮現在腦海裡，即便如此，也不能擅自斷定父母的養育方式，因為每個人關於自己被照顧的記憶和情感看似正確，其實都是主觀的想法。而一口斷定從小對父母只有美好回憶也是不明智的，因為有可能是妳的傷口太深，才會壓抑心中對父母的負面記憶。不管是正面或負面，我們都必須公正且客觀地去看待父母，這才是一種健康的心態。

每當有機會，妳可以裝作不經意地詢問父母，自己小時候是什麼樣子。聽他們聊起自己的童年往事，妳就會明白原來自己現在所經歷的困難，父母也同樣經歷過，進而產生一種共鳴。更進一步來說，妳可以藉此一窺小時候被父母照顧的經驗。

想克服傷痛，就要在客觀的狀態下正確地理解造成傷痛的原因。比起經由孩子視線而遭到扭曲的兒時記憶，直接從父母那裡聽來的內容會更加客觀一些。

這不是妳的錯

在電影《心靈捕手》中，主角威爾童年曾遭受虐待和暴力，西恩教授為了撫慰他的傷口，說了這麼一句話：「這不是你的錯。」同樣地，如果妳有一個不幸的童年，那也絕對不是妳的錯。

面對童年時期因父母造成的傷痛，並不是一件讓人樂意為之的事情。儘管如此，我們還是得去面對的原因，不是為了原諒父母。如果為了消除心中的矛盾而草率地原諒，這只是一種強制壓抑自責和憤怒的做法而已，真正的問題沒有得到解決。

為了成為母親後的自我成長，才是必須去面對的真正原因。歷經養育孩子的艱辛過程，媽媽一定會有所成長，因為除了走過育兒的極限經驗，途中也必須不斷面對自己兒時的傷痛，這麼做是為了自己，也是為了不讓孩子受到相同的傷害。反之，如果因為痛苦而迴避傷痛，並將其深埋內心，那麼壓抑的情緒還是會在某一瞬間爆發，最終仍然會給孩子帶來同樣的傷害。

意識到自己曾經遺忘的傷口並加以承認，妳就會更加疼愛孩子現在真實的模樣，也會為了不讓孩子留下相同的傷口而努力，用更深厚的關懷去養育孩子。這麼做不僅是為了孩子，更是為了自己。因此我建議妳透過育兒的機會，持續回顧兒時所受的傷害，這樣才能從根本上解決問題。

我想起因為低自尊問題而長期接受心理諮詢的秀賢媽媽，透過諮詢後才發現，她的低自尊與母親的養育方式有很大的關聯。每次想起過往總會讓她痛苦，可是隨著自尊感提高，她開始懂得採用與母親不同的養育方式來照顧孩子。她說自己能清楚地認知到這點，而這正是自己與母親的不同之處。雖然她的母親至今仍然以相同方式對待她，但她卻可以用不同的方式來撫養孩子。

沒什麼方法比具體理解自己更有助於克服傷痛了。這不是妳的錯，請盡情回顧自己的童年生活吧。

好像無法全心全意地去愛孩子

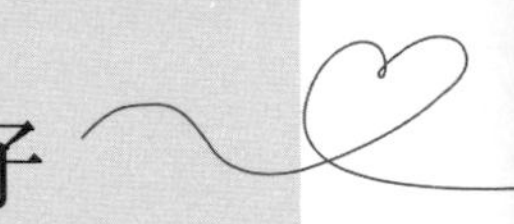

自尊遭受打擊的全職媽媽

敏荷媽媽是一位全職主婦，她身邊有許多懷孕生產後繼續工作的職業婦女，她覺得她們看起來很能幹，有時也會感到羨慕。她想給孩子買很多東西，但生活費並不寬裕。每當必須放棄購物念頭時，她就會想著如果自己也是職業婦女，就不會像現在這樣手頭拮据，可以大方替孩子買東西了。

此時，她就安慰自己至少沒把孩子託付給別人照顧，而是親自撫養，能與孩子形成穩定的依附關係。看到周遭的職業婦女們早早就把孩子送去托兒所，或是託付給保母，一方面她替孩子感到可憐，一方面也覺得自己身為全職媽媽的人生很有意義。

不過，她替孩子報了社區中心的課程後，才知道原來她的孩子黏人的狀況比其他小孩嚴重許多。如果暫時沒看到媽媽，就會哭鬧著要找媽媽，即使媽媽出現了也很難安撫，甚至不願意再離開媽媽的懷抱，如此一來課程也無法繼續參與了。敏荷心裡充滿疑惑，決定從育兒書籍中尋找答案，沒想到答案令她大受衝擊。有些孩子與母親分開會非常難受，有些孩子則是毫不在意，兩者的共同點都是沒跟父母建立安定的依附關係。其他事也許她比不過別人，但自己與孩子的依附關係她一直很有自信，如今她卻連全職媽媽最後的一點自尊心都蕩然無存，彷彿墜入無底深淵。

不要對依附關係過度敏感

只要聽到帶有「依附關係上好像有點問題」這種涵義的話，媽媽們就會坐立難安，甚至產生罪惡感。有人說孩子三歲前，媽媽待在家帶孩子有助於依附關係的形成，這種說法讓全職媽媽大受鼓舞；也有人說依附關係的形成是質比量更重要，這種說法則深得職業婦女們的心。媽媽們實在太在意依附關係了！最近市面上還販售有助於建立良好依附關係的玩偶。

依附關係是孩子發展安全感、社會性和情緒的決定性因素，它提供孩子足夠的安全感，讓他可以自由自在地到處探險。與母親之間建立的依附關係，也會讓孩子認知到自己是否為一個值得被愛的存在，甚至會對「內在運作模式」產生持續且深遠的影響。「內在運作模式」是指與主要照顧者的互動經驗中，逐漸形成對自我和對他人的認知，進而建構出一套與外在社會互動的準則。如果持續關注目前蓬勃發展的各種依附理論，就能明白依附對孩子發展的影響非同小可。

不過，依附程度除了部分情況，大多數不會在短時間之內顯露出問題。最重要的是，這不是他人可以任意評價的領域。

代代相傳的依附關係

很多東西會從媽媽身上遺傳給孩子，其中「孩子的依附型態」也會跟父母小時候得到的依附類型十分相似；也就是說，依附關係有代代相傳的傾向。父母的依附類型分為「安全型依附」、「逃避型—不安全依附」以及「焦慮型—不安全依附」。一般認為心境平穩且個性良好的人，大部分都是「安全型依附」的父母，不管是獨處或和別人在一起，這種人都可以保持心靈上的平靜，可以用平和的心態與孩子相處，即使暫時分開也不會感到太焦慮，因此他與孩子形成良好依附關係的可能性也很大。

同樣地，擁有「不安全依附」的父母，也有很大的可能會將孩子引向不安全的依附關係。「逃避型—不安全依附」的父母跟他人相處時，不知為何總會感到不自在，而且有一種孤單的感覺；「焦慮型—不安全依附」的父母則是獨自一人時會感到十分不安，執著於和他人建立關係。

特別是「焦慮型—不安全依附」的父母，乍看下似乎很重視和孩子之間的依附關係，其實卻是透過孩子來彌補自身在成長過程與人際關係中，反覆出現的不安全感或空虛感等情感缺失。這樣的父母會更執著且重視與孩子之間的互動，不過這種以彌補缺失為目的的互動，卻無法形成一段安全型的依附關係。

情感缺失的媽媽更執著於依附關係

全職媽媽尤其容易執著於是否與孩子建立良好的依附關係，甚至會對其他孩子的依附情況妄下定論。形成依附最基本的條件是媽媽與孩子之間的關係，如果想建立安全型的依附，首要之務是媽媽要有深度的自我覺察，並且為了建立下一階段的發展而努力。形成依附關係本身並不能成為最終目的。

就算已經形成安全的依附關係，媽媽仍然會時時刻刻關注孩子的一舉一動，原因又是什麼呢？這是因為媽媽在童年時期因為各種原因無法得到充分的愛，於是過度渴望被愛的媽媽，將自己的欲望以扭曲的狀態傾注在孩子身上。身為一名母親，明明不想讓孩子繼承自己的傷痛，卻在無意間讓孩子變得更加不幸，因為妳給的愛並不是孩子想要的。情感缺失的媽媽會將自己的需求投注在孩子身上，然而，媽媽對自己的認知不足，其實才是最大的問題。

不需要完美的依附關係

舉個例子，韓國除了諾貝爾和平獎，其他領域都未曾拿過獎項。相較鄰國日本，光是科學界就擁有十六名諾貝爾獎得主。對此現象，韓國科學界曾出現呼籲國家應該為了諾貝爾獎而努力的聲音。但是得到諾貝爾獎本身不能成為目的，它只是以間接方式判斷一個國家科學成就的證據罷了。

依附關係也是同樣的道理。是否形成安全的依附關係，只是判斷養育孩子的方式與生活經驗的依據，它與諾貝爾獎的差別只在於數據化，例如我們會說「一般而言，三名孩童中有兩名能形成安全的依附關係」。儘管如此，還是有很多媽媽執著於建立依附關係這件事。其實，只要建立某種程度之上的安定性，對孩子將來的人生就已經足夠，只是有許多媽媽非得建立最完美的依附關係不可；或是在依附關係上沒有任何問題，卻依然對孩子的每個舉動過度敏感。現實生活中，像這樣對孩子的依附關係疑神疑鬼的媽媽，比想像中來得更多。

建立安全型依附的捷徑

但是請不要誤會，我沒有說為了建立依附關係，媽媽必須一肩承擔照顧孩子這種話。相反地，我反而希望媽媽們不要獨自撫養孩子。媽媽是否能調適壓力並維持心情的穩定，與孩子心理的穩定性有直接關係。雖然在孩子成長的每個階段，父母都必須扮演不同角色，但育兒是一場馬拉松比賽，應該從長遠的眼光來看待。不能因為做好基礎工作就安於現狀，也不該因為沒完成基礎工作而自責。我們應該在現有的狀態下放眼未來，持續給予孩子適度的關愛。

為了打造穩定的成長環境及成為一名好媽媽，妳需要準備的是健康的心靈和穩定的情緒。唯有媽媽情緒穩定，孩子才能與媽媽建立安全的依附關係。當孩子的情緒能夠穩定下來，才能面對與母親的分離和獨立，而這一切都有賴於一位心理健康的母親。如果妳是一位追求安全型依附關係的媽媽，那麼我給妳一個建議，與其執著於此，不如致力於成為一位情緒安定的母親，這樣反而可以得到意想不到的成效。

孩子養得好，人生卻很空虛

比起孩子，更執著於「育兒」

剛辦完孩子週歲宴的朱安媽媽，生下孩子以來第一次有了空虛的感受。朱安出生沒多久，她就預約好週歲宴的場所，因此她打算將每天都在變化的朱安完整記錄下來，而拍了大量的照片。

由於想在週歲宴向賓客們展示朱安健康快樂的成長過程，每當朱安露出笑容，她就會立刻拿起相機按下快門。平時也會帶朱安到處遊玩，留下許多值得回憶的照片。

她這麼認真拍照還有另一個理由，是她會在Instagram上寫育兒日記。她覺得要是哪天沒記錄到，將來可能會後悔，所以不管多累，她都會一板一眼地將照片和日記整理好並上傳。她仔細研究過孩子的身體和情緒發展過程，並將之與自己撫養孩子的經驗互相對照、留下記錄。對她這種一絲不苟的育兒精神，鄰居們紛紛留言給予正面評價，對此她也感到相當得意。

剛好朱安是個溫順的孩子，一切就在她的計畫下如實進行。這一年來她把朱安照顧得很好，她自己非常滿意，而周遭人們也不吝於給予讚美。在期待已久的週歲宴當天，賓客們看完她精心準備的影片後，場內掀起一陣熱烈掌聲。就連婆婆也欣慰地對她說：「看到孫子長得這麼好，我非常感動，這段時間辛苦妳了，以後朱安一定會茁壯成長的。」所有的一切都很完美，可是內心的喜悅只是暫時的，後來的空虛心情卻持續了很長一段時間。

育兒也會中毒

「如果沒有你，我不知道該怎麼活下去，快要無法呼吸了。」

這是電影《人間中毒》裡演員宋承憲的臺詞。這是一部探討人性的愛情電影，由於戲中男女存在著社會無法容忍的不倫關係，所以用「中毒」二字來形容可說相當貼切。「中毒」這個詞，不但與遊戲、賭博、性愛及酒精等在社會上帶有負面感受的詞彙相襯，就連與音樂、運動及工作等相對正向的單詞也很匹配。就像「如果沒有你，我不知道該怎麼活下去，快要無法呼吸了」這句話一樣，對某件事上癮的時候，也會產生同樣的感受。令人驚訝的是，用中毒來比喻養育孩子的母親也恰如其分。

「如果沒有孩子，我不知道該怎麼活下去，快要無法呼吸了。」

雖然我是一名經歷比較特殊的爸爸，但作為主要養育者，只要一想起孩子們，我也可以毫不猶豫地說出這句話。我想到之前因為孩子的緣故，第一次感受到情緒變得迫切又強烈的經驗。在全職照顧老大那段時期，某天初次決定讓孩子在奶奶家過夜，心想我們夫妻終於有機會好好獨處一下。由於是久違的兩人世界，原以為可以盡情聊聊之前沒能分享的話題，或是重溫一下因為孩子而許久沒享受的浪漫時光，但果不其然，我們兩人都只擔心孩子的狀況。於是我發了簡訊請媽媽傳來孩子的相片，事情就變得一發不可收拾，我開始一張張翻看之前拍的照片。看的時候心裡悲傷起來，思念孩子的心情正如電影裡的臺詞「快要無法呼吸」，不知不覺我流下了眼淚。身為爸爸，我的感受已是如此強烈，那麼懷胎十月才將孩子生下來的媽媽，心情又該有多難過呢？

看不到孩子就難以忍受的育兒中毒

網路上有個出處不明卻廣為流傳的「育兒中毒者診斷測驗」，裡頭有許多內容讓身為爸爸的我也深有同感。像是「無法跟沒結婚或沒孩子的朋友聊天」、「包包裡的化妝包已經被紙尿布、溼紙巾及防溢乳墊取代」、「在洗手間上廁所時，會因為聽不到孩子的聲音而感到不安」、「即使孩子沒哭，也會無意間聽到孩子的哭聲」、「解開背巾後仍然會不自覺地搖晃身體」等等。

我想根據我的經驗再增加一些內容：去購物中心時，眼中只看得到跟自己一樣推著娃娃車的媽媽，特別是一手推一個、一手還抱一個的媽媽更容易吸引我的視線；以及在瀏覽網站上的新聞時，只要看到跟育兒相關的標題就會自動點進去看。

一般來說，「中毒」（Addict）的定義是指習慣性或強迫性地投入某件事，即使會引發嚴重的問題，也會持續進行下去。從中毒的定義來看，如果過分投入養育孩子的工作，就算引發問題也無法停止，就可視為「育兒中毒」，也相當於是一種「精神依賴」。

如果狀況過於嚴重，還可能會發展到「無法正常判斷事物的狀態」。孩子需要媽媽的照顧，如果媽媽的精神狀況已演變成無法做出正常判斷的地步，光用想的都覺得可怕。

是什麼原因導致育兒成癮呢？

容易育兒中毒是身為母親的宿命，但媽媽為何會對照顧孩子出現成癮症狀呢？

美國貝勒醫學院曾以媽媽為對象進行了一項研究，結果顯示媽媽只要看到自己孩子微笑的照片，就會出現刺激大腦多巴胺「獎賞中樞」的現象。這個獎賞中樞也被稱為「快樂中樞」，與毒品等成癮物質的反應機制相關，一旦受到刺激就會釋放非常強大的生物能量，讓人對某樣事物產生積極的渴望，且會為了獲得該事物而採取行動。無論母親這個角色有多麼艱辛，還是能從中獲得極大的快樂，因此對於獎賞的期待就成了養育行為的動機。

從心理學角度來看，也可將它理解為行為主義學習理論中的重要概念，是一種強化的原理。在學習某項行為的初期，透過獎賞來增強該行為的「持續性強化」會很有效果；至於已經學過的行為，如果想繼續維持，則是採取偶然且不規律的「間歇性強化」比較有效。以賭博為例，剛開始像是按照預測在進行，因而使人深陷其中，之後即使實際狀況不如預期，人們還是會繼續重複相同的行為。

育兒也是同樣的道理，初期因為孩子還小，他會全盤接收媽媽給予的一切，以被動的方式成長。到了三個月左右，由於孩子不規律的睡眠模式，媽媽開始覺得體力有點吃不消。不過母親總是將孩子與自己視為一體，只要把孩子照顧好，自己辛苦一點也不以為意。因此即使過程倍感艱辛，一旦看到孩子茁壯成長，就能從中得到樂趣，同時也認為自己的付出是值得的。

逐漸深陷育兒的過程中，孩子在身體與精神上變得越來越發達，也更加難以預測。媽媽無法預知自己何時會掉入複雜的情緒漩渦，也無法得知何時能從孩子那裡得到無限喜悅。如此一來，當無法預測的快樂和喜悅降臨時，反而具有更強大的力量。

養育孩子的工作就是一種「間歇性強化」的過程，雖然身心俱疲，但為了品嚐不知何時到來的短暫喜悅，會讓媽媽對育兒工作更加執著。與賭博上癮的人一樣，總是相信「最後一把」一定可以讓自己翻身，能將至今為止的所有痛苦都變成快樂。對孩子未來的期待心理，正是媽媽對育兒不可自拔的誘因。

為了補償匱乏的心靈

不管是對什麼東西上癮，如果直接勸導對方：「你已經中毒了，快點停止這種行為。」這麼做不但沒有任何效果，還會產生抗拒的副作用。直接著手解決中毒行為，也只是治標不治本，還是必須深入探討造成中毒的原因，才能達到立竿見影的成效。背後隱藏的心理動機各式各樣，但大多數是因為缺乏新的刺激導致成癮。

人類大腦無法接受缺少新鮮刺激的無聊單一行為，會將其視為一種壓力。所以我們在開車時還會一邊聽音樂、吃零食，甚至三不五時滑一下手機。一成不變的日常生活會讓人陷入嚴重的形式主義，如果持續缺乏新鮮刺激，有些人甚至會用酒精作為補償工具，或是沉迷電玩或賭博等，藉此為無趣的生活帶來一點刺激。

育兒是母親唯一能被認同的武器

不管出於什麼原因，如果心理上感到某種缺乏，就會引起對該事物的成癮現象。孩子出生前，母親本能上的依賴需求可由丈夫填補，但在孩子出生後，因為必須照顧一個完全依賴他人才能生存的孩子，自己的依賴需求反而沒獲得滿足。

此時爸爸還能維持原有的社會生活，透過外在的人際關係來克服某種程度的依賴需求，但全職媽媽連擁有這樣的機會和條件都是一種奢求。也許是因為這個原因，媽媽特別容易感到孤立無援，看著忙到不知孤獨為何物的丈夫，甚至會覺得有點可恨。其實媽媽不僅想藉由社會關係來消除內心的孤獨，她也懷念過去那種被別人認可的感覺。

此時，身為一個養育孩子的人，最容易得到他人認可的方式，就是得到外界對育兒的評價。唯有周遭人們讚美自己將孩子照顧得很好，媽媽才能感受到自己存在的理由和價值。因此媽媽會不斷重複這樣的行為，因為這是她們認為能夠得到他人認可的唯一方法。

不過從養育孩子這件事來彌補內心的缺乏，會讓媽媽變得無法容忍育兒出現任何失誤，哪怕是人人都有過的微小錯誤。因此她們總是讓自己處於緊張狀態，彷彿被育兒工作追著跑似的。

媽媽獨自承擔育兒的重責大任時，還會不斷地努力證明自己對孩子是至關重要的人。這種育兒中毒很難自我察覺，就算偶然得知自己有這樣的症狀，單靠個人的力量也難以擺脫。對其他成癮症來說，周圍人們通常會投以厭惡的眼光，但育兒中毒的媽媽反而會被大家稱讚是「優秀的母親」，這點正是強化育兒中毒現象的主要原因。

不必二十四小時都愛著孩子也沒關係

雖然我是一名爸爸，但在親自照顧孩子後，對媽媽們在養育孩子時產生的心理匱乏也深有同感。在家中扮演主要養育者的我，同樣無法完全擺脫育兒中毒。也許從某種角度來看，能夠完全擺脫反而是件奇怪的事。網路上曾流傳一張貓咪仰臥的圖片，上面寫著這樣的內容：

「我什麼都不想做，
雖然已經什麼都不做，
卻更強烈且積極地什麼都不想做。」

也許這是所有育兒家長們的心聲吧。當孩子在睡覺或託付給他人照顧的時候，我也強烈且積極地想休息一下，但即使身體在休息，心靈卻無法放空，總是不斷想著養育孩子的事。育兒正是一件如此有魅力的工作，沉迷於育兒世界的家長不應受到任何指責。

無論成癮的事物是什麼，一旦深陷其中就無法看清真實面貌。不但會遺失正確的方向，對每件事的判斷力也會變得優柔寡斷。必須拋棄「超人媽媽」這個稱號對我們的誘惑，不然就算將自己燃燒殆盡，也無法停止反覆做出相同的行為。

為此必須釐清自己的思緒，將育兒定義為工作的一種。不管是什麼樣的工作，整天埋頭苦幹反而會降低效率，更何況這件事不是短期工作。面對育兒這種長期抗戰的工作，更要講求成效，即使是有意為之，也務必將自己的身心從育兒工作中分離出來。不必二十四小時都愛著孩子也沒關係，奇妙的是，這麼做竟然才是讓我們能夠更愛孩子的方法。

因為年齡而感到壓力

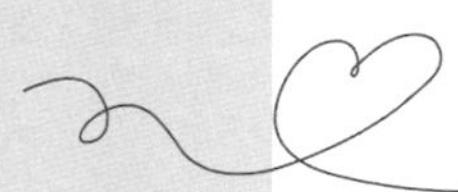

身為一名年輕媽媽

秀英二十歲出頭就結婚了，她對婚後生活很滿意，懷孕與生產也相當順利。夫妻倆感情很好，孩子也長得可愛，但她卻在意想不到的地方，遇到了難以克服的困難。

不管是在產後護理之家、社區中心還是托兒所的媽媽聚會，秀英永遠是年紀最小的那個。雖然一開始有很多媽媽羨慕自己，但最後往往因為年紀小而有種被輕視的感覺。就連與其他人價值觀不同，也會被認定「因為年紀還小，所以不懂人情世故」，這讓她在聚會中的話變得越來越少。每次敲定聚會時間後，負責預約場地和結算費用的工作都落到秀英頭上。不知不覺孩子即將上幼兒園，想到往後又有新的聚會要參加，她開始覺得有壓力。她很希望能找到一個讓她敞開心扉傾訴煩惱的人，但是她的好朋友都還沒結婚，光是讓她們理解就不容易了，更別說尋求同感。看到朋友們無拘無束享受單身自由、在人際關係上毫無壓力的樣子，她只能投以欣羨的眼光，甚至覺得早知如此，當初就別那麼早結婚了。

身為一名高齡媽媽

賢景過了三十五歲才踏入婚姻，因為比起結婚生子，她更想在職場上嶄露頭角。她的二十至三十歲都在拚命努力學習和工作中度過，也如願實現了自己的目標。直到後來遇上一個不錯的對象，她才步入了禮堂。由於高齡產婦的緣故，她在懷孕期間做了許多額外的產前檢查，讓她感到很不安。孩子出生後，體力的消耗更讓她相當吃力。幸好孩子健康地長大，丈夫也在育兒和家務上給予很大的協助，為此她心懷感謝。沒想到孩子上托兒所後，她遇到了預料之外的困難。

開始參加托兒所同班媽媽的聚會讓她認識了不少朋友，一問之下才發現自己是年紀最大的。自從得知這個事實後，不知怎麼地她竟然變得有點畏首畏尾。每次參加聚會，無論是化妝還是穿著，她都變得十分在意，總要仔細打扮後才會前往。起初其他媽媽叫她姊姊，她覺得好像還不錯，有種成為前輩的感覺，心裡甚至有些得意。不過後來在聊天時，隱約覺得與她們有些隔閡，而且出現這種感覺的頻率越來越高。由於照顧孩子對她而言是一件很耗體力的事，除非有丈夫陪同，否則她幾乎沒有單獨帶孩子出門過。後來她才知道，其他媽媽經常帶孩子到處跑，甚至會一個人帶孩子出門旅行。

她在聚會上越來越畏縮，話也越來越少。有次因為孩子生病，沒送他去托兒所，她才知道就算少了她，其他媽媽還是照常舉行聚會。雖然知道這麼做是情有可原，但又會想著是否因為自己年紀大讓她們感到不自在，才會連自己的意見都沒過問一聲。

因為年紀差異而產生的人際問題

成為母親後，同齡孩子會因為各種活動聚在一起，媽媽也會逐漸形成各種社群。因為孩子年紀相仿，為了讓孩子學習和同儕相處，也為了交換資訊，加入媽媽社群能獲得許多益處。不過孩子年紀相同，母親的年齡卻不盡相同，有的甚至相差一輪以上。雖然撫養孩子這件事與母親年齡無關，但年紀太小或太大的母親，卻很容易在群體中遇到人際關係的困難。

一般來說，年紀小的母親在經濟上比較不穩定，情緒也相對不安定，但在體力上卻占有優勢。而年輕丈夫對育兒及家務事也比較積極主動，然而在夫妻相處上卻容易起爭執。

相反地，年紀大的媽媽在經濟和情緒上有較高的穩定性，但體力上得承受較大的負荷。雖然夫妻關係相對穩定，不過年長的丈夫通常對分擔育兒和家務事比較消極。年紀介於中間的媽媽，則會遇到介於兩者之間的所有問題。

隨著年齡不同，價值觀也會不同，根據經驗產生的共鳴也會不一樣，所以網路上的媽媽討論區，很多會依據年齡層來做分類。除了一般現象，媽媽的人際關係也會因為年齡遇到許多難處。隨著每個人成長的環境與經驗不同，感受到的困難也會不同。年紀小的媽媽會在和其他媽媽的相處中，重新體驗學生時代與學姊的關係，也會再次想起和家中姊姊長久以來的愛恨糾葛。實際上沒受到什麼壓迫，卻覺得自己變得很渺小，所有雜事都落在自己頭上，總是疲憊不堪，好像只有自己被當傻瓜，心裡有著莫名的委屈。相反地，年紀大的媽媽從初次認識就因為外貌而失去信心，即使和其他人越來越熟悉，還是會擔心別人因為自己年紀較大而感到不自在。再加上不想讓別人知道家裡有個比自己更年長的丈夫，所以有夫妻同行的聚會，就會盡量不參加。

人們遇到心理矛盾，通常會採用「逃避」的防禦機制來解決問題。如果因為與其他母親的年齡差距而產生壓力，就會逐漸從聚會中缺席。一旦發現自己有逃避的行為時，妳不需要指責自己，而是要先安慰自己，因為那代表妳的內心遇到了很大的困境。如果將逃避視為一種意志薄弱的表徵，那可就大錯特錯了。因為就算妳選擇迎接困難不逃避，也無法從根本解決問題，甚至可能在勇於面對時受到更大的傷害，導致自己變得更加封閉退縮。

如果妳意識到壓力是起因於年齡，而難以跟其他媽媽建立良好關係，那麼妳可能會不自覺地與沒遇過這種狀況的媽媽做比較。如此一來，當自己處境越艱難，妳就會眼紅嫉妒別人過得比自己好。對自己的情況抱持否定態度，後悔當初所做的選擇，妳身為母親的人生只會變得越來越痛苦，執著於年齡的心理折磨也會反覆出現。

回顧一下與年齡相關的心理矛盾

此時不妨回想一下從前的回憶，對於改善情況會很有幫助。試著回顧一下過往的家庭與求學生活中，是否曾因年齡而產生心理矛盾？舉例來說：身為長女是否覺得壓力很大？身為老么是否經常感到委屈？學生時代的前後輩關係，比起與同齡朋友相處，面對學長姊的時候是否覺得特別為難和不自在？

年齡本身不是問題，自己對年齡的認知才是最根本的原因。只要明白這點，人際關係中的情感矛盾等問題自然就會減少。

以母親的身分過日子，任誰都會在情緒上變得敏感多疑，尤其是人際關係，由此引發的心理矛盾也會變得更頻繁。由於事前並未預料到會有這種狀況，所以才會倍感艱辛。

如果考慮到今後必然會與其他媽媽建立關係，那麼首先要去回顧長期以來被妳掩蓋的心理矛盾，以及自己在人際關係中曾引發的問題，這才是比較聰明的做法。只要稍微覺察自己先前從未意識到的情緒，對於改善現狀就能產生莫大的助益。

如果因為與其他母親的年齡差距而產生壓力，
妳就會逐漸從聚會中缺席。
一旦發現自己有逃避的行為時，
妳不需要指責自己，而是要先安慰自己，
因為那代表妳的內心遇到了很大的困境。

孩子的問題
好像都是我的錯

因為孩子天性而飽受壓力

秀珍四歲了，但秀珍媽媽近來卻感到相當煩躁。朋友曾說「因為太累了，真想把孩子扔到陽臺」，沒想到如今自己也想說出這句話。秀珍在新生兒時期很好帶，睡得好又吃得飽，一路以來都是個健康寶寶，因此秀珍媽媽的育兒生活不像別人那麼辛苦。而不知是否因為太自滿而出現報應，孩子滿週歲後個性開始出現一百八十度的轉變。

秀珍變得非常固執己見，如果不順她的意，就會躺在原地大哭大鬧，可以持續一個小時之久。也不好好吃飯，只想吃零食和果汁，不給她就發脾氣，晚上睡覺也嗚嗚咽咽哭鬧不休。也許是因為耳朵比較靈敏，秀珍聽到外面汽車路過的聲音，也會吵著要找媽媽抱。

不久前和幾位同樣身為媽媽的朋友在兒童咖啡廳聚會，秀珍完全不像其他孩子一樣到處遊玩，而是耍賴地要其他孩子陪她一起玩。好不容易幫她找了玩伴，她卻只是傻傻地跟在別人屁股後面。朋友看了以後，委婉地說：「秀珍好像跟別的孩子不太一樣，要不要帶去給醫生看？」聽到這種話，秀珍媽媽氣得火冒三丈。不過她自己也覺得有點奇怪，明明孩子出生時乖巧溫馴，難道是自己沒照顧好，才讓孩子變得如此刁鑽敏感嗎？對此她心裡產生了愧疚感。

天生氣質與教養方式的關係

前來診所諮詢育兒問題的父母，最常問到：「孩子的不穩定行為是天生秉性，還是後天教養方式造成的？」其實能提出這樣的問題，代表父母已經試圖用客觀的角度來看待孩子，就這點而言，他們無疑是非常優秀的父母了。因為依據育兒專家的說法，如果孩子有問題，一般父母都會把過錯歸咎到自己身上。不過話說回來，想對這個問題做出明確區分，本來就是一件不可能的事。

「氣質」是指在決定個人行為舉止等基本行動方式時，從出生初期即展露的個人差異。簡單來說，這是天生的，所以不是問「你為什麼這麼做？」而是要問「你會怎麼做？」每個人在面對各種環境時，會以自己特有的方式預測並做出反應，這就是氣質。而它確實會對性格形成、情緒及行為舉止帶來影響。最近在兒童發育及遺傳學領域的研究中發現，比起父母的養育方式及成長環境，孩子的行為方式與DNA的指令具有更高的關聯性。既然氣質是與生俱來的，難道我們只能束手無策地接受，別無他法了嗎？

孩子的氣質會影響母親的養育方式

無論氣質的影響有多大，實際上都不是那麼重要。即便心如死灰地接受孩子的既定氣質，對養育也不會有什麼幫助。

最重要的是，必須充分認知孩子的氣質會對母親的養育態度造成什麼樣的影響。行為遺傳學者提出的「子女對父母的效應」，就是一種明證。舉例來說，天生氣質帶有攻擊性的孩子，媽媽對孩子做出攻擊性反應的可能性確實會更高；活動力較強的孩子總是洋溢著活力，因此比較容易讓媽媽身心疲憊；性格刁鑽敏感的孩子總是一哭就停不下來，不僅容易惹媽媽生氣，也讓媽媽承受更大的心理壓力。如此一來，媽媽對孩子的行為就會以限制來取代包容，有些孩子因此變得畏懼退縮，有些孩子則變得叛逆抗拒。如果母親和孩子之間的互動經常循此模式，孩子會變得更加難以管教，母親也會常常產生心理矛盾，進而承受更多教養壓力。

孩子難搞，媽媽也會變得難搞

從目前比較具代表性的氣質相關研究來看，一般會用下列九項表現來評估氣質類型，包括：活動量、規律性、趨避性、適應性、反應性、反應強度、心情狀態、注意力分散度、集中力和持續性。如果出現不規則性、頻繁的負面情緒、低適應性、對新刺激的強烈趨避性反應，通常就會被稱為「麻煩小孩」。

天生性格挑剔的麻煩小孩，每十人中就會出現一位。天生具備這種氣質的孩子，比較容易感到不安，有時還會出現攻擊性的行為。有研究結果指出，麻煩小孩的母親對孩子的要求通常給予較少或消極的反應，或是控制欲較強，與孩子互動的時間也比較少。如此一來，孩子在成長過程中感受不到家長的關愛，對於依附關係或情緒發展會產生不良影響，形成一種惡性循環。更有研究結果表明，麻煩小孩的天性氣質會一直延續到成人。

也有研究結果與此相反，指出麻煩小孩的母親會付出更多關愛，並且更熱衷於照顧孩子。不過，即使想用熱情的能量來克服負面狀況，對一個平凡的母親來說，也不是一件容易的事。

別怪罪在媽媽身上

如果孩子與生俱來就是個麻煩小孩，那麼想達到理想中的教養可能沒那麼簡單。但不要因為這樣，就誤認為是自己錯誤的養育方式，導致孩子形成這樣的氣質。總而言之，不要平白無故地把過錯推到母親頭上。當然，偶爾聽到周圍人們的閒言閒語，會認為這是自己的錯，特別是婆婆或娘家媽媽一句帶有否定意味的話，可能就會傷透媽媽的心。這樣的愧疚感一不小心就會演變成憤怒的情緒，進而破壞了彼此的關係，導致人際關係也搞得一團亂。要應付這種狀況，最有效的招數正是「左耳進右耳出」。

讓妳疲憊不堪的那個孩子，如果打從出生就是一個吃飽睡好、一個人也能玩得很開心的孩子，也許妳就可以用更平穩的心情好好撫養他。但相對地，身為母親的妳，可能就不會花那麼多心思在孩子身上了，因為不需要特別站在孩子的立場替他設想，對他的要求也比較不會敏銳地給予回應。英國小兒科醫師兼精神分析學家唐諾．溫尼考特曾說過：「站在父母的立場，聽話的乖孩子可能比較好撫養，但是就孩子的立場來說，那可能是悲劇人生的開始。」

除了氣質和養育方式，還有許多因素會影響孩子的行為。隨著孩子和爸爸、托兒所老師、保母、外婆或奶奶相處的時間長短，或多或少都會對孩子產生影響。只不過身為一名母親，若是孩子出了什麼問題，第一個一定會怪罪到自己身上。越是這種時候，就越要具備融通性，明確區分究竟是自己或他人的過錯，即使故作瀟灑或厚臉皮一點也沒關係。就某種意義來說，或許這是身為母親最重要的一種能力。

對孩子的事感到煩心，就會對丈夫發脾氣

夫妻越來越常因為孩子的瑣事而吵架

最近，民錫經常在晚上莫名其妙地醒來。由於他白天的活動量很大，又老是無理取鬧，媽媽常被他搞得精疲力盡。如果晚上可以好好睡一覺充個電，白天還有精力對付，但現在連晚上也睡不好，疲勞累積在身上，民錫媽媽發現自己一天比一天更敏感多疑。

有次實在是太疲憊了，她向丈夫求助，請他幫忙哄睡半夜醒來的孩子，交待完後她才入睡。沒想到不管民錫怎麼哭鬧，丈夫一點反應也沒有，依舊睡得很熟。她用力掐了丈夫大腿，他仍然不為所動，最後安撫民錫的工作還是回到媽媽身上。

早上丈夫起床後，泰然自若地說了句：「民錫明明睡得很好，為什麼妳說他總是醒來？」聽到這句話，媽媽終於失去耐心，忍不住情緒爆發。丈夫說完全沒聽到民錫的哭聲，在媽媽耳裡聽來簡直是睜眼說瞎話，因而把近來累積的憤怒一股腦兒地傾瀉而出。丈夫反駁道：「妳交代的事，我有哪件沒做好？」並怒氣沖沖地出門上班。就像這樣，最近這對夫婦經常為了民錫的事而吵架。雖然不是什麼嚴重的大事，但與孩子有關的細微瑣事，卻越來越常成為夫妻吵架的引爆點。

孩子的出生對所有夫妻都是一種危機

在很多媽媽的Instagram動態牆上，經常看到她們上傳新婚時期去旅行的照片，並回想當年而感嘆：「當時真的很快樂。」實際上，在一份以一百三十二對夫婦為研究對象的報告指出，有百分之九十的夫妻在生了第一胎後，對婚姻生活的滿意度下降。

此外，一項探討子女和婚姻生活關聯性的研究表明，有生育的女性只有百分之三十八對婚姻生活的滿意度高於平均水準，相反地，沒孩子的女性對婚姻生活的滿意度高達百分之六十二。即使不看這份研究，只要環顧一下身邊的朋友，比較一下有子女和沒子女的夫婦，應該也能高度認同這項研究結果。我也試著比較一下，我自己在孩子出生前後對於婚姻的滿意度，特別是從夫妻關係來看，老實說沒生孩子前確實可以拿到比較高的分數。那麼孩子帶給我們的快樂，難道無助於提升夫妻之間的幸福指數嗎？

尚未結婚的人，一方面對婚姻抱有期待，一方面又感到恐懼。因為談戀愛的時候，只要兩人互相喜歡就夠了，一旦論及婚嫁，事情就會變得複雜，面對雙方父母的意見或婚後住處等都必須費心處理。不過，因為聽過很多已婚朋友的抱怨，心裡大致有個底了，所以在婚前準備期和婚後適應期雖然不如戀愛時甜蜜，「結婚」在某種程度上還可視為戀愛的延長，因此依然能夠感受到幸福。直到孩子誕生，就無法是戀愛的延長了，甚至還被當成是戀愛的終點。

人類具有依賴他人並建立情感紐帶的傾向，即便成人後仍然保有幼兒期的依賴需求。不管是戀愛時或結婚後，兩人之間都可以互相滿足對方的依賴需求，進而建立穩定的情感紐帶，從中感受到幸福的滋味，這也是讓人想談一場轟轟烈烈的戀愛的原動力。但在孩子出生的瞬間，夫妻關係就會發生天翻地覆的變化，因為真正需要滿足「幼兒期依賴需求」的幼兒，已經真實出現在生活中了，夫妻關係自然會發生新的變化。

養育孩子求的是便利性與效率性

最近新開很多咖啡專賣店，光是同一棟建築裡就有好幾家。但有樣東西是大部分知名連鎖咖啡店都有，唯獨星巴克沒有的，就是「震動取餐機」。為何會如此？這與星巴克執行長霍華·舒茲（Howard Schultz）的經營理念有關，他說：「星巴克賣的不是咖啡，而是販售咖啡文化。」從便利性和效率性來看，當顧客點好咖啡就可以回到位置上做自己的事，等取餐機震動後再去拿咖啡是更合理的做法，所以大部分的咖啡店都這麼做。

不過，只考慮顧客的便利性和效率性，卻會減少顧客交流的機會。就連與店員目光交接的機會都沒有，除了自己要點的東西以外，自然不會去關注菜單上的其他品項。從長遠的角度來看，對銷售額產生負面影響是可預期的事。

撫養孩子時，也很容易將便利性和效率性放在首位。雖然對任何人來說，每天都只有二十四個小時，但和孩子在一起的時間似乎過得更快。沒孩子的時候，夫妻倆可以看著彼此好好地談天說地，降低產生誤會的可能性。即使聊的只是不著邊際的話題，聽起來都有情話綿綿的感覺。

但是自從有了孩子後，必須花心思照顧孩子，注意力不得不從彼此身上移開。經常變成一邊用眼睛盯著孩子，一邊和對方搭話，而且不會做過多的說明，盡量在短時間內用最簡單的方式與對方溝通。或許從某個角度來看，這樣既可照顧孩子，又能進行夫婦之間的對話，似乎是一舉兩得的行為。但如果這種溝通方式持續下去，就會在不知不覺間累積各種細微的誤會，當兩人身心俱疲時，就會成為夫妻失和的導火線。

有了第二胎，夫妻對話時間變得更少

第二胎出生後，應該是最需要夫妻齊心協力的時期，但多數人反而在這個時候讓關係急遽破裂。老二的出生本來是個契機，因為照顧老大的工作可以自然地落到爸爸頭上，讓他開始主動分擔育兒事務。不過，卻會因為夫妻各自照顧一個孩子，更難專注在夫妻之間的對話。忙著顧孩子的過程中，就算有交談也只能有一句沒一句地敷衍了事，在心理和身體都倍感負擔時，一不小心就會引發爭執。

沒孩子的時候，即使吵架了也可以坐下來好好談一談。但是有了孩子後，尤其是有兩個以上的孩子，就很難擁有一段專屬兩人的時光，夫妻間的爭執往往就不了了之。為了防止一個孩子醒來後，另一個孩子也跟著醒來，有時夫妻倆還會各自帶著孩子睡不同的房間。分房後為了追求方便改用手機通訊軟體和彼此交談，也可能成為夫妻吵架的另一個導火線。

心理疲憊，就很容易誤解對方的舉動

「你不說我也知道，我只要看著你就能明白，因為你就在我心裡。」

這是知名巧克力派廣告中出現的歌詞，長時間以來受到眾人喜愛，這首歌已深深刻印在很多韓國人心中。但這句歌詞也有絕對不適用的地方，那就是夫妻關係。越是感情深厚或長期生活在一起的夫妻，就越認為自己能看透對方的內心，有時這種過度自信反而成為一種毒藥。

因為一起生活了好幾年，總是認為有些事不一定要說出口，只要看表情就能明白對方的心思。等到夫妻吵架時，就會以為對方是有意為之，故意找自己麻煩，直到坦誠聊開後才發現，原來是自己誤解對方的意思。也許還是有人會這樣想：「在我看來，他的表情就是那個意思啊，會不會是他在說謊？」對於對方的說詞仍然存疑。就像這樣，即使兩人已經相處很長一段時間，依然無法正確判斷對方的意圖。

我們都以為自己是根據對方的表情來猜測對方的心情，不過真相並非如此，其實我們是以自己的表情作為猜測的基準。在過去漫長的人生裡，我們會習慣性地針對特定情況做出相應的表情，並以此為基礎來判斷對方表情中想表達的意思。此外，每個人在心理疲憊的時候，也比較容易誤以為對方的行為中包含負面的意圖。

越是疲憊，越要培養夫妻專屬的對話時間

俗話說「心急吃不了熱豆腐」，這句話同樣適用在夫妻關係。夫妻關係對彼此的生活品質有著莫大的影響，所以一旦出問題，一定要及時處理才行。不過，通常養育孩子的父母都比較心急，很難空出閒暇時間，但越是這種時候，越不應該只在乎便利性和效率性，而是要努力且具體地了解對方的想法，好好地與對方溝通。

為了達成這個目標，即使為了照顧孩子而忙得不可開交，也要想辦法空出一段專屬於兩人的對話時間，並將它變成一種習慣。可以是把孩子哄睡後的夜晚，或孩子起床前的清晨，時間短暫也沒關係，重要的是將夫妻之間的對話變成例行公事。每個月約會一、兩次，也是個好方法。

透過這樣的夫妻專屬時光，妳會發現自己這段時間並未好好經營婚姻，總是自顧不暇而未能好好聽對方說話；或是明明有話想說，卻又認為沒必要而略去不談。良好的溝通可以鞏固夫妻關係，也會為疲憊的育兒生活注入一股新活力，對孩子更能產生正面影響，可說有百利而無一害。

並不是為了給孩子樹立榜樣才必須建立良好的夫妻關係，事實上，是因為等孩子長大後，夫妻倆能依靠的只有彼此而已。所以，千萬別為了養育孩子而忽略了人生中最重要的伴侶。

夫妻對話時，
不應該只在乎便利性和效率性，
而是要努力且具體地了解對方的想法，
好好地與對方溝通。

因為與丈夫的關係越來越差而痛苦

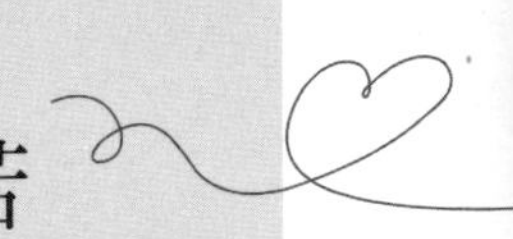

丈夫認為育兒是女人的分內事

女兒靜恩兩歲了，但她卻因為丈夫每天加班，就連週末都得工作而感到十分不滿，累積的怒氣眼看就快要爆發了。就算丈夫難得早點回家，他也只是一動也不動地躺在沙發上看電視，每次看到這個畫面都想讓她破口大罵。聽說別人的丈夫多少會幫忙家務事或照顧孩子，即使做得不好，至少表現出努力的模樣。只有她的丈夫對家庭一點責任也沒有，讓她感到很鬱悶。

和別人家的爸爸相比，丈夫對育兒完全不感興趣，有時她覺得丈夫好像不是一家之主，也不是孩子的爸爸，而是一個陌生人。她對自己的處境感到悲哀，陷入難以自拔的憂鬱中，因而來到我這裡求診。

兩人對育兒有不同的價值觀

以前曾經流行過這種說法：如果想成功地栽培孩子，有三個必要條件，那就是——爺爺的經濟能力、母親的情報能力及爸爸的漠不關心。就像俗話說的：「廚子多了煮壞湯，木匠多了蓋歪房。」如果夫妻對育兒和教育抱持不同的想法，就會讓孩子陷入混亂，此時若是交給一方來主導，結果可能會比較好。這個說法在某種程度上是有道理的。

夫妻倆的性格本來就不同，更準確一點來說，不管是有意還無意，人們在挑選結婚對象時，通常會選擇性格截然相反的人。因為個性不同正好可以彌補彼此的不足之處，形成最完美的組合，所以人們在考慮終身伴侶時，很可能會選擇不同於以往的戀愛對象，或是性格迥異的人。然而一旦成為夫妻，兩人之間的「神祕感」就會消失，只剩下「驚奇感」。

夫妻的價值觀不同是理所當然的，優點是可以提供不側重於某一方的平衡感。但是盛讚爸爸對孩子漠不關心這件事，其實更傾向於將爸爸漠不關心的情況合理化。我是一名爸爸，也見過各式各樣的爸爸，我認為爸爸們對孩子絕對不會無動於衷。

當爸爸之前，他是個男人

雖然沒有對孩子漠不關心的爸爸，但卻有很多看起來漠不關心的爸爸。舉個例子，一位太太最近因為孩子的事而煩惱，因為與其他孩子相比，自家小孩看起來行為有些怪異。於是太太把這件事悄悄地告訴丈夫，沒想到他只說：「孩子都是這樣長大的。」一下子就把媽媽為孩子擔心的過程，全都化為毫無意義的時間。那麼，站在媽媽的立場上，為什麼會覺得爸爸好像漠不關心的樣子呢？其實，當我們要理解丈夫的時候，要先用「男人的角度」來看待他。

最近經常在咖啡廳看到兩個男人見面聊天，如果從遠處看著，根本無從得知他們在聊什麼話題。因為他們通常只是面無表情地看著對方，也沒什麼明顯的肢體語言。相反地，如果看到兩個女人在聊天，只要從遠處看著她們的表情和動作，大致上就可以從當下的氛圍猜出她們在聊什麼。與女人相比，男人不太會因為情緒而有過多的表情和行為；換句話說，就是看起來有些麻木不仁。從妻子的立場來看，和丈夫討論孩子的事情時，由於丈夫的反應不如自己期待般的強烈，所以經常誤以為丈夫對孩子的事毫不關心。

男人會裝作漠不關心來逃避無法解決的問題

如果想探討更根本的原因，可以追溯至狩獵時代。當時男人在外面打獵，女人在家裡帶孩子和做家務。撫養過孩子的人都知道，想好好地照顧孩子，不僅要能敏感地辨識孩子的表情，也要將自己的表情正確地表現出來。因為孩子會根據母親的表情來判斷自己的想法和情感是否正確，所以若是表錯情，可能會造成孩子的誤解。

但是站在外出打獵的男人立場來看，完全沒必要在意狩獵對象的情緒，只要發動攻擊並把獵物抓回來就行了。如果在意獵物的情感，反而會無法達成目標。是否能抓到獵物才是重點，可以說是「只問結果，不問過程」，因此男人們才會把重心放在解決問題上。

而育兒相關的事情，比起解決問題，更重要的是分享想法和產生共鳴，因為育兒通常沒有正確的答案。因此，對於以解決問題為重心的男人來說，這種答案不明確的問題，往往會讓他們產生排斥感，進而採用名為「逃避」的防禦機制。

不僅逃避育兒問題，也會逃避夫妻關係

不僅是育兒問題，就連經濟問題、婆媳問題等大部分需要夫妻商討的議題，其實都沒有明確的解決方案。所以每逢過年過節，當妻子想跟丈夫抱怨在婆家遭受的委屈，正要打算開口的時候，丈夫就會用簡短的一句「別說了」直接打斷妻子的談話。對妻子來說，談論這件事只是想從丈夫那裡獲得同感，但就丈夫而言，這會讓他承受必須解決問題的壓力，所以會選擇避而不談。

就像這樣，男人認為不管怎麼做也解決不了的問題，他就會選擇逃避；而女人只是想得到對方的同感卻遭到無情拒絕，因而受到了傷害。女人這種受傷的心情如果不斷地累積，並持續陷於無法得到共鳴的矛盾狀況下，那麼一旦爆發時，就會把忍耐至今的一切全部發洩在丈夫身上。但對丈夫來說，明明知道這些問題沒有解決方法，還要花費那麼多時間做無益的溝通，是一件極為辛苦的事。

對丈夫而言，面對情緒激動的太太才是他們最害怕的問題，所以他們也會提早想出應對方法來避免這種情況。根據某項調查結果，丈夫最害怕聽到妻子說的一句話，就是「我們來談一談吧」。這是夫妻關係中最典型的「逃避型丈夫—追蹤型妻子」的類型。

談論育兒問題時，請試著退一步想

男人們因為知道問題解決不了而選擇逃避，於是得不到同感的女人便緊追在後；被窮追不捨的男人只好逃跑，一看到男人逃跑，女人就追得更緊。

這種惡性循環的戲碼，在很多家庭反覆上演，究竟該怎麼做才能遏止？

答案既簡單也沒那麼簡單，只要將這個惡性循環的問題變成兩人的共同敵人，就可以解決。難以解決而逃避，是男人的本能；得不到同感就將傷口轉成憤怒並緊追著對方不放，則是女人的本能。如果為了改善關係而壓抑本能，反而只會讓自己變得更沮喪，最後將兩人失和的原因斷定為性格差異，嚴重時會導致一個美好的家庭破裂。

不管是丈夫還是妻子，其實都希望能與配偶有情感上的連結，否則也不會選擇結婚這條路。兩人都是為了維持家庭的幸福，才運用本能各自尋求解決之道，只是不巧演變成你追我跑的局面。明明兩人的目標都是為了守護家庭，但卻選擇了不同的方式。因此，必須先理解對方與自己的本能為何，然後將造成惡性循環的關鍵找出來。我們必須認清問題的本質，逃跑和追趕本身並不是問題，無法從這個狀況中掙脫出來才是問題所在。

從妻子的立場看，當丈夫對孩子表現得漠不關心，似乎也表示他沒把養育孩子的自己放在眼裡，久而久之就會對妻子造成傷害。隨著傷痛的累積，憤怒的情緒也會隨之而生。然而丈夫只要一看到妻子出現負面情緒，自然就會產生排斥的心態。所以就結果而言，如果妻子窮追不捨地要求丈夫付出關心，反而會讓對方逃得更遠，最後只會適得其反。

此時，互相退讓一步，就能改善情況。妳不必擔心退讓一次會讓彼此的心越來越遠，因為夫妻之間有條看不見的繩索將雙方連繫在一起。不妨趁著此刻的局勢，為了一起往前邁進兩步，先採取退後一步的策略吧。這個方法在談戀愛時很有效，結婚後當然也適用。夫妻倆都是為了維繫關係的紐帶，想守護家庭的心是一樣的，只是彼此採用了相反的方式，才會形成惡性循環。

理解這點後，自然就能明白另一半隱藏在行為背後的心意。丈夫之所以會藉機逃跑，不是想拒絕，而是為了不傷害維繫夫妻關係的紐帶。妻子一邊發牢騷一邊緊追在後，也不是找麻煩，而是為了維護這段美滿的婚姻。

如果理解對方的心，對於身陷惡性循環中的自己也會有所覺悟，此時請試著調整一下自己的行為模式。妻子會對丈夫苦苦相逼，是因為害怕家庭破裂；而丈夫逃之夭夭，也是因為擔心夫妻間的情感紐帶會遭到毀損。

如果理解自己的心，妻子就不必再窮追不捨，丈夫也不需要避之唯恐不及了。兩人應該朝著這個目標努力，只需要一點點的改變，就能將原本的惡性循環轉變成良性循環。

不管是丈夫還是妻子，
其實都希望能與配偶有情感上的連結，
否則也不會選擇結婚這條路。
兩人都是為了維持家庭的幸福，
才運用本能各自尋求解決之道，
只是不巧演變成你追我跑的局面。
明明兩人的目標都是為了守護家庭，
但卻選擇了不同的方式。

4 創造讓爸爸帶孩子的機會

媽媽不在的時間，是爸爸育兒的最佳時機

一般來說，考駕照的時候，都會到駕訓班接受專業訓練。考到駕照後，通常還會找有開車經驗的親朋好友相伴，小心翼翼地上路，直到自己覺得熟練後，才會開始獨自開車。一個人上路時，緊張感會全面高漲，集中力也會達到最高值。透過這樣的磨練後，駕駛實力就能直線上升。

讓爸爸變得擅長帶孩子，也是同樣的道理。當媽媽不在身邊時，爸爸的育兒實力通常會突飛猛進。我在各式各樣與育兒相關的爸爸聚會中，認識了很多即使不是全職爸爸，也對育兒十分熱衷的人。說起用心帶孩子的爸爸，多數人會認為他們比一般父親更慈祥，個性上也比較喜愛小孩，但在我所認識的這些爸爸身上，其實看不到明顯的共同點。出乎意料地，倒是他們的妻子都有一個特性：不是忙於工作，就是有病在身。

在一般情況下，很少有機會可以創造出一段讓爸爸和孩子獨處的時光，只有在媽媽忙碌或生病等無可奈何的情況下，爸爸與孩子才有單獨共處的機會。透過這種機會，爸爸的育兒能力會與日俱增，就算單獨照顧孩子一整天也不會有任何問題。

爸爸育兒的最大敵人，是媽媽的不安感

爸爸和孩子單獨相處的時間看似為一種悖論，不過它並非取決於爸爸，而是取決於媽媽的選擇。韓國電視臺KBS的綜藝節目《我的超人爸爸》中，一開始媽媽把孩子託付給爸爸時，每個媽媽都露出了難以割捨的表情。對媽媽來說，即便只是分開幾小時，也需要相當大的決心才能做到。如果託付孩子的時間長達四十八小時，媽媽卻不會感到不安，這才令人不可置信。

專家們一致認為：「爸爸育兒的最大敵人，是媽媽的不安感。」正如專家們所言，如果媽媽無法克服這道關卡，就會讓爸爸失去與孩子親近的

機會，爸爸對育兒工作也會越來越疏遠。

把孩子託付給爸爸，他可能一整天都讓孩子吃零食和看電視，因此站在媽媽的立場上，的確無法給予全然的信任。因為這意味著整整一星期的努力才讓孩子養成的良好生活習慣，很可能在一天內就被完全打破，所以媽媽們才會認為由自己來帶孩子會更好一點。

但是沒人打從一開始就能做得完美，即使心裡不願意，媽媽也要試著將孩子託付給爸爸，盡量少嘮叨多鼓勵。如此一來，爸爸也會慢慢和孩子變得親近，開始關心孩子需要什麼，並努力提升和孩子相處的時間和品質。從一個原本只會給孩子零食的爸爸，轉變成在意孩子是否吃得健康、甚至主動為孩子下廚的男人。爸爸同樣身為父母，他想好好養育孩子的心意不會輸給媽媽，媽媽必須承認這點並放下心中的不安感，學會等待也是一種智慧。

爸爸也是人

也許因為最近爸爸帶孩子變成了一種趨勢，不知不覺間對「超人媽媽」的要求逐漸消失，取而代之的是對「超人爸爸」的期待。也就是說，爸爸既要會賺錢，又要能照顧好孩子。爸爸參與越多的育兒工作，對孩子產生的良好影響也會越多，這就叫做「爸爸效應」。西方在三十幾年前，韓國則是十幾年前開始，就對此議題積極地進行研究。爸爸效應對孩子的社會性、自尊心、身體健康、積極思考、情緒發展及智商等，都會帶來正面的效應。隨著未來更深入的研究，必定能挖掘出更多益處。

就算不是為了上述理由，只要爸爸多參與一些育兒工作，媽媽就能找到喘息的空間，讓她因為帶孩子而疲憊不堪的身心再次充電。但也不能因為這樣做對孩子和媽媽都有好處，就強迫爸爸一定要全心投入育兒世界。因為比起上一代，現代爸爸需要承受更大的經濟壓力，這種要求對他們來說太殘酷了。不管再怎麼厲害，爸爸也只是一個普通人而已。

媽媽理直氣壯的態度讓爸爸跟著動起來

美國薛頓希爾大學的一份研究表示，現代社會中一個理想的丈夫應該盡量參與家務和育兒工作，並把大部分的時間留給家人，與妻子的感情也要十分融洽。不過，即便丈夫達到上述條件，妻子也不會特別表達感謝，不是因為不值得感謝，而是她們認為育兒本來就是兩人的共同工作。媽媽們理直氣壯的態度，反而會讓爸爸跟著動起來。

如果採取苦苦哀求的姿態，把爸爸帶孩子的好處反覆在他耳邊叨念，或是三不五時就找機會說服他，對爸爸來說都是一種負擔，只會讓他逃得更遠。育兒工作必須有爸爸一同參與，一個很重要的原因，是因為最大的受益者不是孩子也不是媽媽，而是爸爸本人。

當媽媽在和爸爸分配育兒工作時，不必像使喚別人做事一樣感到抱歉，或是態度小心翼翼。反而要堅信這麼做對爸爸有很大的好處，堂堂正正地跟他一起分擔育兒的責任。

這麼做是為了爸爸好

當爸爸對照顧孩子的生活起居駕輕就熟後，媽媽就會開始對他讚不絕口。男人是一種把讚美當作能源的動物，而且跟其他人相比，從妻子口中說出的誇獎是最有效果的。不管在外面世界得到多少稱讚，回家後想聽太太誇獎自己一句卻沒那麼容易。也許是因為平時妻子吝於誇獎丈夫的關係，妻子的一句讚美就能給丈夫帶來比想像中更強大的力量。

而且在養育孩子的過程中，能讓爸爸藉由了解孩子的情緒，體會到關懷他人的心情是多麼重要的一件事。一般來說，女性比男性更具備這種共鳴能力，但爸爸只要持續地觀察孩子的一舉一動，用心了解孩子的需求，也能補強原先較為欠缺的共鳴能力，同樣可以稱職地扮演母親的角色。

和孩子建立良好關係是最佳的養老之道

近來，五、六十歲的男性朋友們似乎特別孤單。為了養家餬口，從年輕開始就努力工作，退休後終於找回悠閒時光，但子女們的眼中卻好像只有母親。家人們對他付出的辛勞不甚理解，使這個年紀的男人看起來總是一副悶悶不樂的模樣。

和以往的時代相比，現代社會中的爸爸們在工作上要承受更多壓力，花在職場上的時間也更多。儘管如此，不僅要認真工作，還要為了家庭盡最大的努力，可說是承受著雙重痛苦。每當我為了扮演好這兩個角色而疲憊不堪的時候，就會想像一下二十年後自己在這個家的地位，然後就能重新振作起來。因為就心理層面來說，和孩子建立良好的關係，才是最佳的養老之道。

就算不把眼光看向遙遠的未來，在與孩子親密的互動中所得到的快樂，也是這世上所有事物都無法相比的。爸爸們只要品嚐過其中滋味，往後即使沒人使喚也會主動抽出時間，與孩子度過更多快樂的時光，我也不例外。

因此，奉勸各位爸爸，肩負起育兒工作既不是為了孩子，也不是為了媽媽，而是為了爸爸自己。媽媽們也別因為讓爸爸忙上加忙而感到愧疚，

把妳的丈夫變成超級奶爸吧！

後記

珍愛媽媽所有的情緒

媽媽是一種情緒勞動者

從事空服員、百貨公司銷售員及客服人員等服務業人士，又被稱為「情緒勞動者」，他們必須維持親切的聲音與和善的態度來對待客人。對客人來說，因為已經習慣這種服務，並不會感受到太多愉悅，反而在得不到相同服務時，會感到失望和生氣。但是站在情緒勞動者的立場，由於工作時必須隱藏自己的情緒，因此總是承受著莫大的壓力。

這種狀況聽起來不陌生，因為這就是現今媽媽們的狀況。現代社會中的媽媽也是一種情緒勞動者，她們同樣要隱藏自己的情緒，展現出滿腔熱忱的服務精神來對待孩子。社會的要求束縛著媽媽們，使她們的心靈容易生病。

負面情緒也應當被接受

為了壓抑真實情緒不讓它爆發出來，媽媽會經歷一段相當複雜的心路歷程。與一般狀況相比，會承受更多情感上的折磨。帶孩子的日常中，每次遇到矛盾情況，她們會感受到過於沉重的罪惡感和悲傷；再加上擔心這種情緒會原封不動地傳遞給孩子，所以會選擇隱藏自身情緒。久而久之，感受不到情緒變成一種習以為常的事。

我不太喜歡「唯有媽媽幸福，孩子才會過得幸福」這句話。雖然這句話本身沒有錯，但它似乎會給媽媽帶來一種壓力，好像媽媽應該為了孩子的幸福，強迫自己將負面情緒轉化成幸福才行。身為一名母親，生活中會面臨無數次感到疲憊、孤獨及生氣的時刻，如果每次遇到這種情況，媽媽都覺得不應該被孩子發現，那她會怎麼做？就是不得不再次壓抑自己了。

即使隱藏起來，情緒也不會就此消失，長久累積下來，反而會在意想不到的地方爆發。如此一來，無異於在媽媽心上又補一刀。其實負面情緒不是非立即消滅的壞情緒，相反地，當負面情緒產生時，應該充分去理解它。將負面情緒轉化為積極的情緒後，才能真正去「享受」它。也就是說，唯有透過自我溝通，方能真正地消除負面情緒，有效預防自己做出消極行為。

媽媽情緒對孩子的影響

在媽媽用言語讓孩子理解世界以前，孩子已經用自己的情感來探索世界了。出生未滿六個月的孩子，對自己完成的事會感到自豪，對未能達成的事也會感到羞愧，他們已經體驗到這種社會情緒。自豪或羞愧也被稱為「道德情緒」，這種情緒經過自我調節後，能由此推測出自己是如何被他人所接受，是今後人生面臨各種人際關係的基礎。

因此，身為一名母親，比起說明、解釋或教誨，首先要做的應該是對孩子的衝動和感受給予真正的交流。孩子感受到的情感沒有對錯之分，但孩子會從母親的反應去推測自己感受到的情感是否適切。如果想與孩子的情感產生真正的交流，媽媽也要坦誠面對自身的情感才行。

如果媽媽未能解決上述問題，她的情感會反應在語氣和表情上。而孩子們對父母的些許改變非常敏感，當他們看到母親出現不恰當的反應時，就會覺得自己的感受是錯誤的。反覆接受到這種訊息，久而久之他們就會認定是自己哪裡出了錯，會對自己的情感沒把握。當他們對自己的情感沒自信時，就會演變成不信任自己。

理解媽媽情緒的方法

1 理解孩子的情緒前，先理解媽媽的情緒

媽媽在對待孩子時，最好隨時回顧自己的情緒，並試著推測一下在孩子眼裡的自身情緒為何。因為即使自己覺得情緒已經得到釋放，但表情中依然看得到殘留的影子。這種事偶爾也會出現在一般的人際關係中，和孩子相處時更是會頻繁發生。如果想客觀地了解自身情緒，照鏡子也是一個好方法。

當媽媽情緒穩定時，才能從孩子的言行中掌握他們的情緒。舉例來說，如果母親的情緒呈現憂鬱狀態，那麼當媽媽以孩子的言行為基礎來判斷他的情緒時，也會朝負面的方向解讀。唯有排除自己的情緒，才能更加接近孩子真正的情緒。可以的話，請媽媽們盡量多檢視自身的情緒狀態。

2 把「想法」和「情緒」區分開來

為了好好理解自身情緒，就要懂得如何區分「想法」和「情緒」。乍聽下這件事似乎很簡單，但根據我在門診諮商多年的經驗，很多人是做不到的。舉例來說，有位媽媽曾經約了一名友人，打算請他對孩子進行客觀評價並給予建議，但出門前不知為何突然不想赴約。我問她為何不想去，這位媽媽回答：「當時沒有心情出門。」這句話只表達出自己不想去的「想法」，而我認為她當時感受到的「情緒」應該是「不安」。也許是她想到「那位朋友可能會對孩子做出負面評價」，所以感到不安和沮喪。

讓我們試著區分一下想法和情緒吧。有些人表達情緒的詞彙相當匱乏，在描述特殊情緒時總是辭不達意，只會用「奇怪」或「不自在」來形容當時的感覺。如果無法適切說明，可以參考下列關於負面情緒的詞彙：

悲傷、平靜、孤獨、不幸、不安、擔心、害怕、恐懼、緊張、生氣、發狂、受到刺激、發脾氣、害羞、驚慌、羞恥、失望、嫉妒、猜忌、內疚、受傷、懷疑……

將情緒做出區分後，接著可以將之量化。有些人對情緒本身抱持極端想法，以為只要稍微感到不快，情緒就會像氣球一樣膨脹到自己無法忍受的地步。但是如果經常測量它的程度，就可以驗證自己對情緒的認知是否正確，也有助於預測情緒。例如：「完全不感到悲傷」是零分，「某種程度上的悲傷」是五分，「想像範圍內最大的悲傷」則是十分，可以像這樣將情緒程度給予評分。

3 接受自己的情緒

近來備受關注的「覺察冥想」，是一種新型的治療方法，利用冥想技巧去感知自己是否處於憂鬱、不安、無力或是憤怒等情緒狀態，並客觀地看待且接受它。它的原理並非要我們想盡辦法消除負面情緒，而是在充分了解後接受自己的情緒，然後慢慢將它放下。這種方法對於治療媽媽的產後憂鬱症也十分有效。美國科羅拉多大學心理學系暨神經科學系教授宋娜・狄米珍（Sona Dimidjian）的研究團隊，就曾以罹患產後憂鬱症的產婦們為對象，請她們在產後進行六個月的覺察冥想治療。研究結果發現，與生產前相比，媽媽們的憂鬱感受明顯下降，憂鬱症復發率也降低了百分之四十。所以，讓我們擁抱媽媽們原有的情緒吧！

像愛孩子一樣來愛自己

「為了成為一名好媽媽，妳必須像愛孩子一樣來愛自己。」如果要說得更準確，那就是：「媽媽有多愛自己，她就能有多愛孩子。」在養育孩子的過程中，覺察那些只會出現在媽媽身上卻容易被忽略而遺忘的情緒，好好地感受它的存在，這是媽媽愛惜自己最好的方法。身為一名母親，站在妳的立場上，妳感受到的所有情緒百分之百都是正確且適當的。因此，請從現在開始盡情地「享受」妳的情緒吧！

國家圖書館出版品預行編目資料

媽媽的高敏感情緒自救書：26則減輕教養憂慮的處方，找回育兒與自我的平衡／鄭宇烈著；陳曉菁譯. -- 初版. -- 臺北市：日月文化出版股份有限公司，2022.10，288面；14.7×21公分. --（高EQ父母；91）
譯自：엄마니까 느끼는 감정 : 감정적으로 아이를 대하고 자책하는 엄마들을 위한 심리 치유서
ISBN 978-626-7164-50-1（平裝）

1.母親 2.情緒管理 3.生活指導

544.141　　111013452

高EQ父母 91

媽媽的高敏感情緒自救書

26則減輕教養憂慮的處方，找回育兒與自我的平衡

엄마니까 느끼는 감정: 감정적으로 아이를 대하고 자책하는 엄마들을 위한 심리 치유서

作　　者：鄭宇烈（정우열）
譯　　者：陳曉菁
主　　編：藍雅萍
校　　對：藍雅萍、張靖荷
封面設計：張巖
美術設計：尼瑪

發 行 人：洪祺祥
副總經理：洪偉傑
副總編輯：謝美玲
法律顧問：建大法律事務所
財務顧問：高威會計師事務所
出　　版：日月文化出版股份有限公司
製　　作：大好書屋
地　　址：台北市信義路三段151號8樓
電　　話：（02）2708-5509　傳　　真：（02）2708-6157
客服信箱：service@heliopolis.com.tw
網　　址：www.heliopolis.com.tw
郵撥帳號：19716071 日月文化出版股份有限公司

總 經 銷：聯合發行股份有限公司
電　　話：（02）2917-8022　傳　　真：（02）2915-7212
印　　刷：禾耕彩色印刷事業股份有限公司
初　　版：2022年10月
定　　價：350元
I S B N：978-626-7164-50-1

生命，
因家庭而大好！